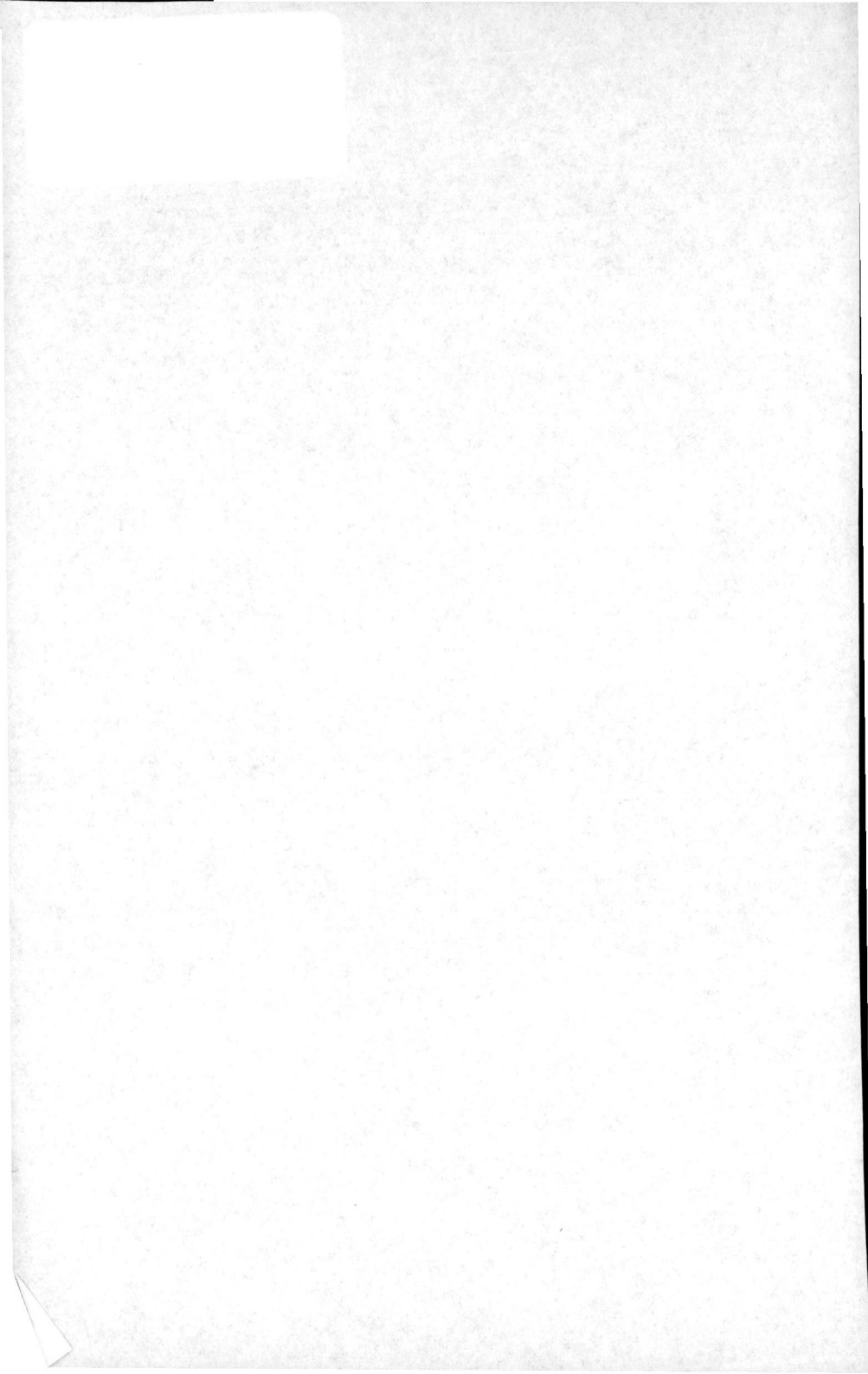

我在佳兆业做足球

足球总经理工作笔记

李小刚　著

上海文艺出版社

Shanghai Literature & Art Publishing House

CONTENTS 目 录

PART2　工作思考

PART3 工作交流

自　序

写一本对得起足球、佳兆业和自己的书

我离开佳兆业之后，曾和很多朋友说，再也不想提及足球。但与一众新老朋友聊天时，一旦其中有一个老朋友提到我在佳兆业做过足球，那么当天的聊天内容就全变成了足球。

我曾经非常想摆脱足球带来的影响，但发现足球已经变成了我身上的一个符号，即使像我这个做足球不算特别成功的职业经理人，在很多人眼中仍然是充满了神秘感。

这就是足球能成为世界第一运动的魔力。

所有人着魔于足球俱乐部的投入与运营，着魔于球队的管理与比赛，着魔于球员的培养与待遇，等等，这些也都是问我最多的话题。所以，我每次与新朋友们聊天的时候，总会把这些已经回答了多次的话题，不断地讲给大家听，而且大家也总是听得津津有味。偶尔还会碰上几个懂行的朋友，问出一些更加深入或尖锐的问题，免不了还要唇枪舌剑地争论一番。

渐渐地，我觉得，我应该把这些大家都问过的故事与话题写出

来，与其一遍一遍地讲给别人听，不如有一本书来告诉大家。为此我还找了很多关于足球的书籍和资料来看，想看看是不是已经有哪位"大神"级的足球职业经理人写过这样内容的书了，那我就不必再班门弄斧。但是在我遍阅资料后，我看到更多的是足球学院派专家的理论研究成果，或是著名足球记者的采访报道专著，还有一些跨界经济学家的足球产业著作，甚至是知名教练的执教生涯回忆，但唯独没有找到来自一线的足球职业经理人的工作经历与反思总结。

这确实是一个较为遗憾的结果。

实践出真知。研究或提升一个企业或行业的基础，应该来自工作实践，尤其是来自市场经济主体的重要决策与管理实践，而作为市场主体的职业经理人的所作所为和所思所想，则是更具代表性和典型意义的研究样本。但直到目前为止，中国职业足球的改革和市场化进程中还是缺少了对职业经理人这个职业化重要环节的分析与研究。

事实上，中国职业足球俱乐部的资金投入量已经不小了，其中顶级联赛的职业足球俱乐部每年至少十个亿人民币的投入量，已经超越了很多欧洲五大联赛的老牌俱乐部。但现实结果却在告诉我们一个关于中国职业足球的事实：完全靠金钱"砸"，却没给中国"砸"出一个具有希望和前景的足球市场与产业，更没有把中国足球的整体水平给"砸"上去。

到底为什么会出现这种怪现象？

我想作为曾经的职业足球从业者来说，除了大众舆论的情绪化"谩骂"和政府部门的主观化"指令"之外，应该听一听看一看，作为中国职业足球市场化主体的职业俱乐部的实际工作和思考。那些俱乐部经营管理者的工作及管理决策案例，对于职业足球这样一个靠工作实践积累为发展基础的行业，可以说尤为重要和珍贵。

这有利于我们可以厘清很多社会中对"职业足球"的理解误区，也可以帮助政府相关政策更好地"对症下药"，还能对已经投资或想要投资职业足球的老板们有个决策的参考，甚至有助于提升我们职业俱乐部的管理与运营水平。

回看我在佳兆业做足球的经历，令人唏嘘，从一个对职业足球完全不了解的"外行"，到成为了对职业足球有一些初步见解的"业内人士"，足足用了三年半时间，花了近二十亿元人民币，这期间林林种种下了很多艰难的决策，也做了很多艰苦的工作。因此，当我要离开佳兆业和告别足球的时候，内心里充满了不舍，还有愧疚。

业内人士常把做职业足球比作"精神鸦片"，一旦沾上想要做到与职业足球的"断舍离"将会非常困难。当然，我想这个"毒瘾"根源来自每个人充分的情感投入，但每个人的"毒瘾"构成可能不尽相同，而我的"毒瘾"则是三个"遗憾"构成：

第一，对佳兆业和郭英成主席的愧疚。郭主席的信任与宽容，支撑了我的职业足球生涯，佳兆业做了这么大的投入，培养了我的职业足球管理能力，最终冲上了中超，但还应该能把更多的工作做得更好，每每想来总有遗憾。

第二，对中国职业足球的情感。做了这么长时间的职业足球，终于分清了很多的原则和理念，却又突然不做了，之前工作中积累的经验、知识与理念不能继续，对中国足球产业也是一个遗憾。

第三，对付出了巨大努力和全部心血的自己要有所交代。应该说，做足球是我职业生涯中最为黄金的时间段，几度想要放弃最后都坚持了下来，虽然达到了目标，但却没有将自己反复思考的工作经验与管理实践保留下来，确实遗憾。

所以，我萌生了要写这本书的想法，写一本对得起足球、佳兆业和自己的书。

我开始整理自己在俱乐部的工作笔记，筛选出我在佳兆业做足球的一些重要事件，通过透视自己的内心动态和决策思考，展现一家职业俱乐部和一个"外行"俱乐部管理者的成长经历。故事有些可能显得枯燥，但不遮掩也不说教，尽量用工作笔记中最朴实和真实的语言，把自己完整的工作内容及成败得失完全展现，以供大家了解、借鉴与评判。

对于目前中国职业足球的颇多理念争议，我在日常工作中也有所思考和总结，写这本书的过程中我又系统地研究和借鉴了很多国内外专家的观点与资料，将这些原有的工作总结进行了一定程度的完善与提升，对错与否，只为我的一家之言，也任由广大足球爱好者与行业专家评价讨论。

此外，我还将圈内几个职业经理人的工作交流对话一并整理了出来，作为扩展读者视野的内容，以期从不同角度不同背景揭示不同类型足球俱乐部的生存法则与管理经营理念。

最后，我还想说一下深圳。

因为总有些朋友说深圳是没有文化底蕴的"文化沙漠"，也是无足球传统的"足球戈壁"，充斥的只是一切向"钱"看的现实主义者，所以在深圳很难将职业足球这个需要情怀的事业做好。

在此，我想为深圳正个名，深圳之所以能够创造中国城市发展的奇迹，不能说只是因为钱堆积出来的，而是因为这个城市有一个服务型的政府，这在我做足球的几年里有深刻的体会；是因为有一群不受思想束缚敢想敢干的人们，他们敢于反思自己，总想着创新与突破，这就是深圳成功的博大文化与精神。所以我坚信，以"敢拼敢打、敢为人先"的深圳精神为基础，深圳职业足球也会开辟出一条有独立思考、有科技创新、有体系突破的发展道路，从而与众不同。

我写这本书，希望能弥补职业足球管理实践领域的缺失，能为中国职业足球的发展做一点深圳式的贡献，同时能为深圳的文化建设添上一块砖。

本书内容及观点也许粗浅，但却真实，只当作为足球从业者或爱好者的参考，希望能为中国职业足球的发展抛砖引玉并带来更多有见解的大作。

（定稿于 2020 年 6 月 30 日，深圳阳光明媚，空气质量优）

PART ①

工作笔记

一、收购深足

2016 年 1 月的一天，我在深圳的办公室接到了郭英成主席从香港打来的电话，风格一如既往的单刀直入："小刚，他们都说你能搞足球，你说说你为什么能搞？"

这个问题确实突然，之前我对佳兆业集团要收购深足的消息一无所知，集团投资部门的保密工作确实做得好，没有漏出一点声音；再者 2014 年的时候集团也曾接触过当时的深圳红钻老板万宏伟，最后还是没能谈下来，所以我认为集团并没有准备进入职业足球领域的意愿。

但当郭主席直接提出了这个问题的时候，我已经明白了集团肯定是要收购这家近年来始终处于麻烦之中的足球俱乐部了。从内心来讲，我是希望集团有家职业足球俱乐部的，毕竟之前我的老东家恒大集团于 2010 年初收购了降到中甲的广州广药俱乐部，我也参与了之后广州恒大足球俱乐部的很多品牌建设工作，也看着恒大俱乐部逐步走上了中国职业联赛的巅峰。

思路到了这个时候，我的话语也随即而出，"主席，第一您知道我在恒大干过，虽然我当时在品牌中心没在俱乐部，但没吃过猪肉也看过猪跑，相互协同做过很多工作；第二我确实热爱足球，国内国外的足球比赛都看。"

"好，那就你去干吧。"随后郭主席就挂断了电话，没有一点拖泥带水。

为什么我能去搞职业足球

"我到底适不适合去做职业俱乐部总经理"，这是我做了这个总经理之后时常反思的问题。

在面对球队连续失利的时候，我曾怀疑过自己到底是不是块搞职业足球的"料"；当媒体和球迷对我的工作充满质疑的时候，我也曾怀疑自己的能力到底能不能带领这家俱乐部冲上中超。

每当这些自我怀疑袭上心头，我都会当着友人的面说出过"不做足球"的"狠话"，但始终在一吐为快之后，第二天又重新抖擞精神开始工作。就这样，我一直干了三年半，在冲上中超后的第十三轮才离开了这个岗位。

现在想来，其实没有谁天生就注定能做哪行，你的性格和兴趣会引导你从事某项工作，最初找工作可能就是为了养活自己，而后是兴趣，再后就是热爱，所以我们会为了完成自己热爱的工作，就去下定决心，克服困难，并将这项工作做好。

目前中国很多大集团陆续收购职业足球俱乐部，所以足球俱乐部的高层管理者大多都是集团直接委派，基本是跳过了糊口的阶段，起点就是兴趣与热爱，最后一定会进入狂热。从这点上说，我对郭主席的回答是没错的，我确实热爱足球，自己也经常去踢足球，虽然技术一般。

我上任足球俱乐部总经理之前，已经在两家大型房地产上市集团长期主管品牌工作，在这个领域可谓熟门熟路，也算小有点成绩，否则也不会在 2012 年被佳兆业集团从恒大集团挖过来。如果我一直在集团把品牌工作做下去，多半会是顺风顺水，而到了职业足球俱乐部将面临什么，我心里并没有确切的预计，只是因为好奇和喜爱。

现在想来，能从事职业足球确实是一份幸运。毕竟中国能算得上是职业足球俱乐部的，中超中甲中乙，统统算上也就六七十家，与全国房地产企业数量相比，属于"稀缺品种"，所以能从事这个行业的概率是非常小的。

再加上 1994 年中国足球的职业化才开启，所以中国职业足球历史也没多长，与其他市场化竞争充分、标准化程度很高、流程分工精细化的传统产业来比较，可以说职业足球是一个还处于市场化和产业化初期的行业，足球职业经理人的定义才刚刚被行业所接受，并开始深化和完善。

也正因为如此，像我这样热爱足球的"外行"才有了从事这个行业的机会。

二、股权转让

到 2016 年 2 月的时候，我作为俱乐部总经理的第一项工作考验来了，这就是要将俱乐部的股权从前任股东手上转到佳兆业旗下。

在佳兆业集团收购之前，深圳市足球俱乐部的股权结构并不复杂，但存在错综繁杂的债务纠纷问题，所以导致在股权转让环节上存在一定的风险，因此集团希望我能尽快完成深足股权的转让工作。在这项工作上，不论是深足的前股东兆能源酒店供应股份公司（占深足股份 55%）的老板邓俊杰，还是深圳红钻集团（占深足股份 35%）的老板万宏伟（其作为自然人占深足股份 10%，且被冻结），都非常配合这次股权转让。

但作为匆匆进入职业足球领域的佳兆业来说，可能忽视了这个行业的独特性，从而造成了我在这项工作中的种种被动。当然集团快速收购深足，也是想快速抢占时间，否则按照俱乐部存在的财务问题，很可能会导致深足无法站上新赛季的赛场。

最先着手转移的股份是深圳红钻集团持有的 35% 深足股份，我们赶在 2016 年春节前的最后一个工作日转移到了佳兆业集团旗下的深圳市正顺景投资咨询公司。当我们都已经做好了所有后续转让的资料，准备春节后将兆能源的 55% 股权也转让过来的时候，我们接到了来自中国足协的电话，通知我们按照《中国足球协会职业足球俱乐部转让规定》的有关要求，俱乐部主要股权必须在三年后完成。

如果是熟悉的房地产行业，我想前期就已经做好了所有的预判工作，可以迅速干净地将绝对控股权转让到集团旗下，显然我们没有注意到足球行业存在自己的管理规定。经过我们对深足原股东的债务纠纷案件的分析，认为如果股权转让拖的时间越长，在股权转让过程中存在的不确定性风险会越大。虽然集团也做了相应的保护措施，将兆能源的股份质押给了正顺景，但并不能完全避免后续可能会存在的风险。

为了能化解这样的风险，我专门起草了说明材料，并陪同当时兼任俱乐部董事长的董事局孙越南副主席专程前往北京，拜会中国足协领导及相关部门的负责人，希望能够根据深足的实际情况，帮助深足提前完成主要股权的转让，化解潜在风险。

我的记忆中，为此事我专程去过两趟中国足协，当时与中国足协法务部乔主任数次沟通，但最终还是被中国足协要求必须按照规定执行，直到 2017 年底才转让了兆能源所持的 27.5% 股权于佳兆业集团旗下可域酒店（深圳）管理有限公司（同时将正顺景持有的 35% 股份也转给了可域酒店），2018 年底再次将兆能源剩余的 27.5% 股份转让给了可域酒店，最终佳兆业集团通过可域酒店持有了 90% 的深足股份（由自然人万宏伟持有的剩余 10% 股份仍然被冻结）。

职业足球不是"玩"

足球是世界第一大运动，影响力和球迷基础太大了，所以我干了职业足球之后，身边的朋友们都会好奇地问"好不好玩"这个问题。还有更多喜欢足球的朋友十分羡慕我这份工作，"你真的是把爱好做成了职业，一定很享受""我的梦想就是去执掌一家职业足球俱乐部，你把我的梦想给实现了"。友人们大多是从好奇的角度想一窥职业俱乐部总经理的工作究竟。

可能是由于职业足球本身就自带社会话题性，甚至是花边八卦性，所以舆论对于做职业足球这个行业，更多喜欢用"玩"这个词，但我认为非常的不准确。

职业足球俱乐部本质上是一个企业，做好一个企业，应该是去研究和完善这个行业，因此这是一项极为严肃而认真的工作。但中国长期以来没有对职业足球形成企业化和产业化的认知，所以把做职业足球普遍地说成是"玩足球"，也代表了当下从事职业足球的普遍心态和现状：

一是职业足球行业相对来说较为封闭。也好理解，这个行业市场化开始不久，而且市场水池太小，从业人员和市场交易量都少，所以没办法让更多的人去深入了解行业的特点。

二是这么多年来职业足球俱乐部的投资人变动太频繁，导致职业经理人的更换也很快，造成管理方法制度都没能建设起来，更无法长期延续下去，因此这个行业很难有足够的时间去培养出精通业务与管理的职业经理人，所以一旦新的投资方接手俱乐部的运营管理，总会有一段较长时间的业务和管理的摸索期。

三是职业足球行业的上下游产业链不够健全。每个产业的发展都会带动该行业上下游服务型企业的发展，产生行业细致专业分工，能够提高效率而避免风险。仍然是由于中国职业足球市场化和产业化仍处于初期阶段的原因，市场容量也很小，上下游分工不精细，这就要求投资方自身要花更多时间去探索职业足球行业的运行规则和法律规定。

股权转让仅仅是我当上总经理后碰到的第一个足球行业的特殊规定，事实上在随后的工作中，足球行业的特殊性和行业规定，与我之前十数年培养起来的传统行业思路，产生了激烈的对撞。

三、主席下令要冲超

忙忙碌碌中，2016 年的春节转眼就过了，这在中国企业的周期里是新一轮工作的正式开始。

跟往年的惯例一样，节后郭主席都要召集集团及下属公司各板块的高管到香港开会。这次的高管会因为足球俱乐部的收购，会议气氛变得比以往活跃和兴奋了不少，毕竟足球是个社会化的话题。

职业足球的社会化属性太强了，影响非常广泛，在座的高管大多为男性，因此有为数不少的球迷。大家对集团进入职业足球领域中的诸多问题都兴趣盎然：球队里有哪些球星，主教练唐尧东怎样，总经理的工作有哪些，更重要的是准备花多少钱等等。在开会之前，我就被很多高管问了好几遍这些话题。

说实话，我也刚到俱乐部不久，所有的情况也在摸索之中，虽然和全队开过会，也和时任主教练唐尧东谈过话，但要回答大家的这些问题，也只能从自己感受到的生活细节给大家讲讲，避免扫了各位的兴。

但会议正式开始后就没这么轻松了，郭主席对刚收购的俱乐部非常关注，很多问题都提给了我。我就和主席这样一对一答，其间主席很多貌似外行的问答都引起了大家的哄堂大笑。虽然笑声亲切而热烈，但正式的任务也就这个时候下来了。

"我们佳兆业既然进来了，那就得搞好！"郭主席随后顿了下，"嗯，按最高标准搞，向中国顶级和世界顶级看齐！"

最后一句："小刚，要冲超，今年！"

职业足球的目标是怎么定出来的？

那次高管会后，我和孙越南副主席与主教练唐尧东一起商讨赛季安排时，孙副主席明确问过唐指导："今年要冲超有没有把握？"我看到唐指导始终保持沉默，没有正面回答这个问题。即使在 2016 赛季前三轮取得两胜一平暂排中甲第一的情况下，唐指导也没有对冲超有过表态。

每个行业都有其运行规律，建房子有建筑的周期，足球也有足球的规律。之所以唐尧东对冲超问题一直保持沉默，是因为他明白：能不能冲超，还在于球队的整体实力。

事实上，2016 年之前的几年，深足因为持续的俱乐部财务困难，陆续走了很多有实力的球员，致使 2015 年曾经的中超元年冠军竟然陷入掉入中乙的危机中。2016年佳兆业收购了深足，是及时的，所谓及时在于化解了球队不会因为资金问题而无法站上中甲赛场的风险；但也晚了，因为这个赛季的内外援的引援工作已经结束了，当时的引援完全是按照原股东的资金投入预算引的。

全面分析了深足的基本面，就应该按照基本情况来制定发展战略，我觉得做个三年工作计划是最基本的，其实更应该做十年的详细规划，这样才能做到根据实际情况，按步骤按目标有计划地完成任务，而且能避免资金投入和时间的浪费。

不可否认，短期投入巨额资金引入高水平球员，肯定能提高球队的整体水平，但足球是个由十一个人踢的集体项目，加上场边坐着的替补球员，全队至少要有近二十人的水平相差不多，球队的年龄结构还要合理，而且还要有科学完善的管理与长期认同的文化将球队团结在一起，才能保证在长期的联赛中，球队的整体水平保持稳定的发挥。

因此，大多数人只看到职业足球风生水起的表面现象，尤其是大集团去搞职业足球，老板们纷纷看中的是俱乐部短期成绩，因此"大老板放言要买梅西""对想收入囊中的球员，只要开价就不是问题"等话题频频见诸报章，因此社会大众更热衷于讨论哪家大企业投入多少购买了巨星，关注新闻的轰动效应多于实际建设。

当然，这些领悟是经过了近两个赛季的经验积累后才获得的。

四、防不胜防的诉讼

这家俱乐部的总体运营情况比我想象的要复杂很多。本以为来到俱乐部，我就能甩开膀子在球队加油干了。谁知道，每隔几个月，就会收到一件诉讼函，原由很多，但归根结底就是"钱"。

俱乐部近十年来始终处于非常动荡之中，根源都因原股东的资金状况引起，再加上管理松散，前前后后用俱乐部的名义签署了多少协议，佳兆业已经无从查起了。

我收到的诉讼函年代跨度很大，但能够在俱乐部找到对应的存档文件很少，最后有几件也是不了了之。但2016年中间我们收到的一桩纠纷案，却直接将俱乐部的基本账户给冻结了。

资金账户被冻结可不是小事，我们马上要发的工资在账户中，如果不能按时将工资发给球员，会让本已被欠薪问题困扰多年的球队再次"军心浮动"。

经过与深圳红钻老板万宏伟的紧急商量，大家一起同债权方做工作，最终保证了案件的及时解决，账户恢复正常，各种款项才及时到位。

"老弟，就当灾后重建吧！"

由于俱乐部收购及之后处理各种事项的关系，我与俱乐部原大股东万宏伟建立起了很好的私人关系。曾经有好几次我和万总闲聊，说到我干俱乐部的种种困难，他微笑着和我说："老弟，就当是灾后重建吧！"从他的话语中，我能感觉到万总的心酸和无奈。随着处理俱乐部事情越多，我越感觉到万总这么多年独自撑下这家俱乐部的不易。

"当时为什么要决定投资这家职业俱乐部？"这个问题我与万总探讨过，"如果不投资这家俱乐部，是不是你的生意会做得比现在更好呢？至少也不会有这么多债务吧！"

万总也和我聊过一些他当初的想法，但我觉得都无法直接与一家职业俱乐部的经营运作挂上钩，更多的感觉是，俱乐部本来是架桥梁，但桥却断了。

到底投资人应该抱一种什么样的心态和初衷来做一家职业俱乐部，时常让我感到迷茫。想想自己刚到俱乐部工作时，做了自己的爱好又是社会高度关注的行业，自感风光无限并充满干劲。但当面对不管是先前的问题，还是随后俱乐部出现的问题时，我都会思考怎么样能让一家俱乐部有个长期稳定的发展基础，才能避免出现之前的各种问题。

五、三年才能成为一个合格的总经理

唐尧东指导是在 2015 年 12 月的时候，由深足前大股东兆能源的老板邓俊杰请来的。

唐指导是我认识的第一个职业教练，私下里大家都亲热地称呼他为"老唐"。老唐是东北人，老国脚，在国家队时因其拼命三郎式球风而为大家所熟知和尊敬。老唐的说话和办事方式，与他的球风一样简洁明快，因此每次与他交谈，都比较简短。

最让我记忆深刻的一次交往，是和唐指导一起吃饭聊到关于"总经理"的问题。开始时我们就是聊下球队的安排，队内有什么问题需要解决的，酒过三巡之后，话题就转到俱乐部发展上来。他就说了一句，至少要三年，才能成为一个好的俱乐部总经理。

无独有偶，王宝山指导是 2017 赛季中到佳兆业担任主教练的，大家都称呼他为"山哥"。山哥与老唐是同期老国脚，退役后都开启了教练生涯。

山哥要比老唐更健谈些，所以和我交流得更多，有空了不管是喝茶还是喝酒，反正就天南海北地聊。我也忘了山哥是喝茶还是喝酒的时候，说起了俱乐部总经理的趣事，就提到他在云南红塔俱乐部当主教练时，当时俱乐部总经理是从一家烟厂调来的，有几次总经理和他抱怨："我上千人的厂子都管得好好的，怎么几十个人的俱乐部就这么难搞。"山哥和我说："足球俱乐部的总经理不好当啊。"

职业足球的"一万小时定律"

作为一个职业足球俱乐部的总经理，很多人是羡慕的，最起码我也羡慕过我在恒大的老同事刘永灼，尤其是在喜欢足球的人群中，顶级俱乐部的总经理就是半个公众人物。也正因为俱乐部总经理的社会关注度远远高于其他传统企业的总经理，所以就会带来更为巨大的社会舆论压力。

按我现在的理解，为什么要三年才能成为一个好的总经理，主要有三个方面：

第一是心理素质的长期培养。"赢了能把你捧上天，可能出去打的都不花钱；输了能跑到你家门外，用石头把你家玻璃砸了。"这也是唐指导给我讲述的这么多年足球从业的经历。

我们大多数的高层管理者，在传统行业里也有很大的经营和生存压力，但项目周期性长且没有社会舆论对细枝末节的关注，因此要搞足球，得承受得了这压力，即使输球之后身心俱碎，也要精神抖擞地去迎接明天的挑战。

第二是职业足球的工作经验需要长期积累。我和大部分行业内的管理者有一个共识，足球这个行当不是高科技，不是搞火箭搞原子弹，其实足球俱乐部的入行门槛很低，就像我之前的反思总结一样，只要你爱好它，你就能去干足球，不管你是什么学历什么专业。

但是足球又是个经验值要求很高的行业，它需要经过几个完整的联赛周期，把所有"婆婆妈妈"的事情都要经历之后，总经理的决策才能相对准确。如果要上升到理论层面，其实还有个"一万小时定律"可作依据。

作家格拉德威尔在著作《异类》里提到："人们眼中的天才之所以卓越非凡，并非天资超人一等，而是付出了持续不断的努力。一万小时的锤炼是任何人从平凡变成世界级大师的必要条件。"

干足球是没日没夜的，我也给员工总结过，我们的工作时间是围绕各级球队在转，只要球队还在比赛周期之内，就得保持工作状态，球队一有需求就得快速响应。那这么算来，总经理一年的工作时间远远高于四千小时（我自己肯定超过），三年下来确实是超越了一万小时。这么看来，唐指导说的三年时间还真是有依据了。

第三是职业足球行业的不成熟。由于我长期从事地产行业，这是一个工作高度标准化和流程分工精细化的产业，各方面的制度建设非常完备，学科研究也成体系。

拿职业足球与地产行业这两者一比较，我认为，职业足球虽然经历了二十几年的职业化，也就是市场化才二十几年，但在产业的制度建设、流程分工、学科理论研究等方面非常粗放。更可怕的是与中国足球的通病一样，一家俱乐部的发展缺乏知识的沉淀和积累，很难像传统产业一样不断积累并进化提高。

俱乐部的股东频繁更换，但新股东无法从之前的制度、资料和经验的积累中获得进一步进化的帮助。简单来说，目前的职业足球行业不成体系，无法成为一个现代企业。所以，作为一个新任的总经理只能依赖自身的摸爬滚打，如果这个总经理能幸运地在岗位上存活了足够长的时间，那才有了能成为一名合格的足球俱乐部总经理的条件。

六、要能"成事"

在俱乐部的工作是繁杂的，初任总经理必须要做到事无巨细，这对于我当然是个学习积累的过程。但这真是一个陌生领域，虽然管理条线都能理得很清楚，但总感觉在很多事情上拿捏不准，尤其是在关键岗位的人事安排和关键事项的决策方面，有些瞻前顾后。

这个问题随即在几次与郭主席的通话中被他敏锐地察觉到了。现在想来他应该是从我回答问题的用词和语气上感觉到的，因为他总是会反问我："不要老说这件事别人是怎么想的，告诉我你是怎么想的。"

随着 2016 赛季联赛陷入了困难阶段后，我与郭主席之间见面的次数比以往更多了，直到在一次向他进行工作汇报中，同往常一样又被他狠批一顿后，他看到我的情绪确实不高，稍微调整了语态，说了几句对我以后工作做事都影响很大的话。

"小刚，想要把事情做成，就肯定会出现两种情况：一是肯定会犯错，二是一定会得罪人。"

"一把手"的魄力

现代管理学之父彼得·德鲁克说：所谓的领导者，是为了成为领导者而采取行动的人。

这句话与郭主席对我说的话，本质上是一样的，就是要求一个领导者，必须要有想成为领导的行动力，而不是瞻前顾后害怕做错而不行动。

每个人都有自己的缺点，这并不可怕，但要成为领导者就必须要能认识和勇于面对自己的缺点，并通过行动去改变。

对于我而言，从内心中感谢郭主席给了我能从事职业足球的机会，更要感谢郭主席对我"屡战屡败"的三年中甲生涯给予的极大耐心和等待，直到深足在 2018 年 11 月 3 日最后一轮实现了冲超。

从事足球行业不仅让我进入了职业足球这个潜力巨大的产业中，更让我看到了自己性格和思维上的许多不足。可以说职业足球是能够最快反射人性的镜子，因为在联赛中每周都在比赛，比赛就有输赢，当然还有平局。这时你之前所做的每个决定可以很快就得到了反应，这比房地产行业中决策的反馈周期要快了很多。

郭主席说的没错，做足球俱乐部的总经理，就要具备坚定的意志和当机立断的魄力。

七、赢球奖金的困惑

重赏之下，必有勇夫。这句中国的老话，作为一条公理，屡试不爽。

佳兆业一接盘深足，就开始着手调整球员的工资和赢球奖金，从我到郭主席，都认为"重赏之下必出勇夫"，对深足的冲超一定能产生积极作用。

佳兆业的赢球奖金方案一直以来都是由主教练在赛季初来制定，然后执行整个赛季。2016赛季的赢球奖金方案是当时的主教练唐尧东设计提出的，原则上我们都认同，并且向郭主席汇报的时候，主席还特意追问"在中甲中超有没有竞争力，这个方案处于什么水平"，我回答这个方案"至少在中超都是中上游水准了"。

那之后，历任主教练都提出了赢球奖金方案，但在2016、2017两个赛季赢球奖金不断加码的情况下，还是连续两年冲超失利了。至于在2018年冲超成功的那个赛季，赢球奖金没有超过2017赛季的水平。

高额赢球奖金带来了什么？

足球比赛具有很强的偶然性和不确定性，也许许多偶然条件聚在一起，一支弱队可以战胜一支强队，但职业足球联赛的周期是漫长的（中甲中超联赛一支球队要打三十场比赛），那么球队在联赛的所有比赛中都发生偶然性因素的概率就比较小了。

所以，球队在联赛中保持较高赢球概率的核心还是整体实力，在整体实力的基础上配以完善的管理制度、出色的后勤保障、紧密的工作协同、正面的思想工作及合理的奖励刺激，这支球队才会产生持续良好的战斗力。

随着恒大入主广州足球之后，为球员提供了高昂的工资和巨额的奖励而成就了辉煌成绩，这令越来越多的投资人和俱乐部管理层只看到了"金钱"的激励作用，而忽略了恒大球队本身整体实力的基础和清晰完善的管理体系，造成了在足球投资中"金钱"万能的错觉。

纵观目前投资量已经达到顶峰的职业足球，除了恒大占据先发优势取得了"恒大模式"的成功之外，其他后来跟进的俱乐部虽然也大规模动用了"金钱"这个"核武器"，但从成效来看算不上成功，甚至还带来了很多的负面因素：一是造成了球员能力与其工资水平的严重不匹配；二是极大地加重了足球投资人的投资成本负担；三是破坏了球队内部工资和奖金分配的平衡，反而不容易凝聚战斗力。

八、市领导帮俱乐部"安家"

深足一直在找"家"。在佳兆业收购之前，深足就没了落脚的训练基地，球队在深圳到处找场地练。2016年佳兆业收购之初，俱乐部暂时借住在南山区西丽水库下面的丽湖训练基地，这里有近四片场地和一排功能用房，全深圳再也没有这么一块能够基本满足球队"吃住训"的好地方了。

面对这个深圳绝无仅有的"足球宝地"，我们做了完整的汇报材料，与深圳足协时任秘书长李少辉商议多次后，上报给了市文体局的两位领导张合运和韩星元，希望能长期租用和改造丽湖训练基地，全面升级场地与办公生活的硬件设施，满足俱乐部使用要求。

但是当时由于基地仍有租约，且所属权属于深圳市水务局，加之基地位于水库内，在使用方面有诸多的法规政策限制，因此俱乐部的长期租用设想一时没能敲定，这就给俱乐部的训练办公造成了较大的制约。

佳兆业重塑深足的实际行动和雄心壮志，引起了深圳市委市政府的重视。在俱乐部基地这件大事的落实上，市文体局领导也多次上报深圳市委市政府，协调基地的所属各部门之间的关系。最终，市委常委李小甘召集市文体局、市水务局和南山区政府的领导，在 2016 年和 2017 年连续两年来到俱乐部实地考察并现场办公，拍板促成了基地各关联单位就俱乐部租赁问题达成共识。

基地在 2017 年底开始按照功能设计方案施工，至 2018 年初俱乐部和球队进驻基地，历时整整两年，俱乐部终于有了"家"。

职业足球俱乐部为什么离不开政府

职业足球需要调动大量的社会资源配合，有些方面不是仅仅靠投资方的巨额资金投入就能解决的。这在欧洲足球发达国家也是一样的。

中国职业化进行了二十几年，最职业化的领域就是俱乐部股份投资市场化，向社会资本开放了对足球俱乐部投资的大门。但中国职业足球的要素市场没有完善，职业俱乐部涉及的相关社会资源和法律法规的建设相对缺失，导致俱乐部需要调集社会资源时，必须依靠当地政府在没有相关规定和规划的前提下进行行政干预，而效果和效率又要取决于主管领导的魄力和决心。

训练基地是职业俱乐部最基本的生存条件，但现实中很多中国职业俱乐部都没有能够长期稳定租用的符合条件的基地。2018 年中国足协开始执行更加严格的职业俱乐部准入考核办法，特别是对职业俱乐部的训练基地有明确要求：必须拥有长期使用权、四片标准足球场、有一片场地带看台及灯光等等，如果不具备准入条件的俱乐部将无法参加中国足协组织的各级别职业联赛。

训练基地及比赛球场，这些足球市场化的基本硬件设施的规划和落实，依靠一家俱乐部的力量来全面落实会有巨大的难度，且会增加投资方的成本。这就像各城市为了大力发展某些产业，是需要专门出台相关法规及规定，为政府规划层面提供法律依据，才能留出土地建造某某产业园一样，从硬件条件上推动该行业在当地的落户和发展。

反观职业足球领域，从国家层面到当地政府，对职业体育的配套法规建设和硬性规划要求上是相对缺失的。我想，这最终还是因为职业足球产业化对地方 GDP 的提升作用并不明显造成的。

欧美体育产业发达的国家在职业体育培育方面的眼光和耐心更加长远，很多城市在体育设施的用地规划环节都做了详细的硬性规定，并配套了很完善的出让、建设和使用政策，同时在税收和补贴上也有明确的说明。这些方面，我们确实应该向欧洲足球发达国家学习借鉴。中国职业足球的发展壮大，需要城市甚至是国家层面对足球产业发展进行立法保护，从城市空间上为职业足球的发展留出机会。

九、"落户籍"与"上幼儿园"

拥有本地户籍，是中国人对这个城市有归属感的一个重要纽带。因此，2017 年开始，俱乐部开始陆续为想要落户深圳的一线队球员，向深圳市民政部门申请办理深圳户籍。

这事的起因是，有几个在深圳踢了快十年球的老球员，试探着问我："能不能给老球员落深圳户口？"我听完觉得有点诧异，因为申请深圳户口的难度并不大，在深圳踢了这么长时间居然还没能落户。随后我让行政部经理去查了下深圳市入户政策：深圳市对于拥有本科以上学历人员的落户是很宽松的，但我一核实我们的老球员大多都是中专或高中学历，落户难度确实较大。

随后，俱乐部专门向市文体局上报材料反映了"球员户籍"问题，经过市政府领导的多次协调，最终确认俱乐部球员可以按照专项人才引进的方式申请深圳户籍。此后，俱乐部每年都能有几名球员落户深圳，帮助球员在心理上增强了对深圳的归属感。

户籍的事情刚有了着落，几个有小孩的球员找到俱乐部行政部门，想让俱乐部帮忙解决下"小孩上幼儿园"的难题。行政部负责人去打听了下这些球员的孩子想上的幼儿园，回来告诉我："这是南山区最好的私立幼儿园，想要上这个幼儿园，至少得提前一年排队申请，我们的球员刚到半年，排队是肯定排不上了。"

这几个球员不仅是球队的老球员，也是球队的主力球员，我不希望他们因为孩子的事情分心，影响到训练和比赛。所以就给行政部负责人下了硬要求：不管是去求幼儿园园长，还是请求南山区领导的帮助，都得把球员小孩上幼儿园的事情给落实了。

我知道在中国小孩上学的事情是社会上最难办的几件事之一，但俱乐部还是硬着头皮，多次去找区领导和幼儿园园长，动情陈述球员对于深圳这个城市的重要意义，好在大家都能理解也愿意帮助佳兆业这支球队取得好成绩，所以在开学之前顺利办妥了孩子入园的手续。

我们想感动球员

俱乐部的工作核心是围绕人展开的，特别是围绕球员和教练。为了让球员对球队有心理的归属感和文化的认同感，从而让球队形成凝聚力和战斗力，俱乐部投入了大量的人力和精力，尽最大可能帮助球员和教练解决生活上的各项问题。

刚到俱乐部时，我觉得俱乐部像是一个大家庭，我们所有员工应该把球员和教练都当作我们的家人，大家都在服务和帮助球员和教练。我们想通过无微不至的服务和关怀来感动球队，让球员和教练全身心地扑在比赛上，全力打出应有的成绩。

但解决生活问题是琐碎繁杂且无休无止的，这对于工作人员的耐心和细心是一个极大的考验。我们俱乐部从管理层到员工基本都是年轻人，很多人可能自身还没有面对过这些生活问题，很多人在生活中也是父母亲友帮助处理这样的生活琐碎的，所以员工也只能边干边学，因此时间一长很多员工就产生了各种抱怨和委屈情绪："球员也是成年人，为什么我们还得做他们的生活保姆""我们帮他们解决了那么多生活问题，但仍有球员还是不满意""就是帮他们解决再多的生活要求，他们在球场上还是照样输球，我们这样做有什么意义"等等。

我能理解俱乐部员工的这些心情，但我不能接受他们的这些怨言。我始终认为，帮助球员解决工作生活问题，就是每个员工的基本责任，也是俱乐部的一项重要且基本的工作，这个方向是正确的，我们必须要坚持。

比赛屡战屡败，也不能动摇俱乐部的工作管理原则，该我们做的，我们必须要做好，这才是"职业"。当然，有时我也会反思"感动"算不算是职业，球员和教练的"职业"又应该体现在哪些方面？我觉得职业应该是每个人对自己工作的尊重，对其他同事工作的尊重；同时，在服务的同时，必要强调管理，只有服务与管理并重，才能创造出良好的工作氛围。

十、汇报年度盈利目标

每年年底之前，郭主席都要主持一次来年各板块工作目标及预算的高管会议。

2017 年年初那次是我记忆最深的一次，因为在此之后的年度目标及预算会上，就再也没问过我俱乐部盈利的问题了。

那次的预算会和往常一样，由一个个板块开始主动汇报，郭主席和董事局其他执行董事都在默默听着。各位高管的材料都准备得很详细，前两个已经将自己的工作材料读完了。这时候郭主席有些不耐烦，这也是他开管理会议的常态。一般情况下他都不会让大家按汇报材料四平八稳地进行，会随时打断会议的流程按自己的想法来提问。他的问题都非常尖锐，总是让高管们后背直冒凉汗。

"好了，大家都在说明年需要集团拨多少钱，我们是公司，大家的价值是为公司赚钱。深圳区域你先说下，你明年要给公司赚多少钱吧？"就这样按照大家的座位次序，郭主席逐个问着每个板块的负责人。

我的前面坐了近十位高管，很快就问到我这里了。我准备好的预算方案肯定是没法说了，我顿了一下，马上回答郭主席："主席，我准备把集团明年拨下来的钱花好、花得正确、花得精彩！"

郭主席看了我一眼，说了句："好了，别说了，足球就是赔钱的！"

工作随感

职业足球是种什么商业模式？

记得有次和足球圈内几个朋友闲谈职业足球俱乐部的商业模式，大家归纳来总结去，最后认为中国职业足球最终的商业模式就是"让老板掏钱"。之所以会总结出这样一个商业模式的根本原因，就是因为中国的职业足球俱乐部不仅不赚钱，还亏大钱，那要让这个赔钱买卖一直玩下去，正常运转的商业模式不就是"老板不停掏钱"吗？

因为有了这个"让老板掏钱"的足球商业模式，所以就配套出了足球总经理的一项必备能力，即"搞定老板"的能力，要么达到老板对俱乐部的影响力预期，要么让老板觉得搞足球至少从心理上感觉是值得的。

对于老板来说，做职业足球能得到的无非两样，一是成绩，有了好成绩才会有好的社会影响力和品牌效应，从而带来社会资源或是政府支持；二是赚钱，真的是个赚钱的生意，老板也会支持搞下去。

以目前中国职业足球"巨亏"的现状来看，大多数老板的要求就是拿回成绩，即便搞足球亏钱，那也得赚个吆喝吧！这个要求合情合理啊，所以总经理也好，主教练也罢，基本上都得在跟老板要投入的时候，拍个胸脯立个成绩目标。但这个目标到底能不能实现呢？先花了钱再说。

当然，也会有以俱乐部赚钱为考核目标的老板，但目前中国职业足球圈内较少。因为，一旦选择了赚钱为目标，那相对来说就会放松对俱乐部成绩的要求，或者说老板对于成绩要求的弹性空间比较大，这对于很多大老板来说会让"面子"上挂不住，最后为了保级还是得临时追加投入。

所以，中国职业足球俱乐部的"老板掏钱"商业模式，不仅影响俱乐部的建设方向和经营管理理念，也影响到了整个职业联赛的商业开发氛围和能力。

十一、谁让采购负责人每天去买面包

　　刚接手深足的时候，集团给俱乐部搭了班子：我一个总经理，从集团调了一个分管人力和财务的副总经理和一个财务部的经理。老深足则留下一个足球行业经验丰富的副总经理，分管竞赛，又从业内招了一个有俱乐部商务工作经验的副总经理。

　　应该说，俱乐部的管理班子看着是搭得很健全，所有的板块都有管理层负责人，当然还是以佳兆业集团的派驻人员来主导俱乐部工作。因此，在接手俱乐部后，理所当然地秉承着佳兆业集团成熟的管控模式，我们开始了各项建章立制的工作：明确各部门流程分工，制定各岗位的职责及工作范围。这应该是所有企业开始正常运营的基础。

　　这些工作都是轻车熟路，没多长时间几十个规章制度和责权描述就摆在了我的台面上，有了制度后大家都按照分工和职责热火朝天地干了起来。

　　直到有天我听到办公室有几个员工在抱怨，一线队里的队务太清闲没啥事做，办公室这里的几个员工倒忙得经常加班。我感觉到俱乐部办公室与一线队的工作人员间在分工上可能出了些问题。

一次下班后，我看到负责采购的同事还在办公室，就问他还在忙什么。他告诉我，在给一线队预定明天早餐的面包和牛奶。我当时也很疑惑，其实这是一项很小的工作，耗费时间不说，这样分工也不合理，那为什么不让队里的队务去办呢？原来制度分工一刀切了，所有的采购必须要经过采购负责人，需求部门只能提出需求，而后由采购人员负责采购并验收。

工作随感

生搬硬套的管理体系就是不负责任

大型地产企业管理模式在管控上以防范风险为主，毕竟地产的投资及采购涉及金额巨大，稍有不慎将会对项目的成本产生影响，造成巨大的损失，所以地产企业在采购环节上都管控严格。但是地产企业采购部门负责采购的品类，基本上都是大宗采购，采购分类容易，且一次采购后到下次采购的周期很长，这些特点形成了地产企业的采购管控模式。

相比之下，职业俱乐部的采购与地产企业差别巨大，俱乐部的采购可能会随时发生，球队出去训练比赛，临时需要购买一些东西时有发生，因此，俱乐部的采购大多为零星采购、及时采购，采购金额一般不大且商品价格较为透明。

总体来说，采购环节不会对俱乐部产生较大的风险，但却对采购的及时性有较高的要求，完全可以采用需求者采购而后由专人定期查验的方式。

我们把集团的采购管控模式搬到俱乐部，因此出现了很多"为管控而管控""没风险也要管控""管控影响效率"等结果。据我所知，我们球队的两个队务在碰到一件工作时，脑子里首先想的不是"这件事情会不会影响球队的正常工作，需不需要马上先解决再说"，反而一个告诉另一个，"这个事情在分工上不归我们管，等具体分管的人来做吧"。

所以，采买分工在俱乐部管理工作中看似是件很小的事情，却影响了整个团队的团结和工作气氛，也反映出来管理人员的管理理念和工作作风问题。

首先，作为俱乐部总经理，我在工作中出现了"想当然"和"搞和谐"的管理思维，认为集团已经把副手都配好了，至少集团配的管理层在业务上是过硬的。所以只要做好充分授权，各负责人做好自己板块的岗位责权和分工流程，就能够完成俱乐部的制度建设和人员分工安排，而当发现管理层问题时又出于"和谐共处"的想法，没有及时调整队伍，造成了管理力度不够。

其次，我也忽视了俱乐部的管理层自身存在"教条主义"的思想问题。对于在成熟企业中成长起来的年轻管理者，很多人会非常坚信自己的管理方式，在没有充分深入一线了解业务和工作特点的情况下，生搬硬套成熟企业的管理制度，缺乏对实际工作的研究调研，犯了"纸上谈兵"的毛病。

最后，管理者的"心态"和"初衷"也是个大问题。俱乐部的管理层，即使是总经理的职责中也兼有对球队的服务功能，更何况是其他的管理层，更应该是以行政保障服务工作为主。但很多俱乐部的管理层无法从一个所谓"管理人"的角色转变为"带头服务人"的角色，摆错自己的"心态"，就无法从服务球队的"初衷"出发去完成自己的工作。

虽然俱乐部的工作分工在一年后进行了调整，理顺了服务工作流程，球队服务工作回到球队的工作团队去负责，但是这个过程中留给我的教训很深刻。制度与流程的制定是非常容易的事，难的是有没有从实际工作出发，有没有从"解放员工的生产力和工作积极性"出发。在管理上的所谓"大公司病"，就是很多管理层站在"永不会犯错"的角度上，犯了"教条僵化主义、照搬照抄照用"的管理错误。

十二、换掉三分之一的员工

　　佳兆业接手之前的俱乐部，受制于财务困难，员工不超过十人，没有清晰的部门划分，也没有明确的人员分工，基本上是有什么事情，谁熟悉就谁先干。

　　因此，在佳兆业接手之后，我们一直秉承着现代企业化管理的理念，制定规章制度、完善组织机构、明确流程分工，员工人数也快速增加，最多时俱乐部办公室（不含各级球队的队务、翻译等工作人员）在编工作人员突破二十五人。

　　但是，增加的员工出现了几大特点：一是都没有在职业足球行业的从业经验；二是其他职场经验也不丰富，都很年轻，基本上都是大学刚毕业没几年；三是有很多只是为了找份工作，其实根本就不喜欢足球。

　　新员工的这些自身短板，经过一年多的工作之后，在2017年俱乐部工作中演变出了几大问题：一是由于不喜欢足球，缺乏对足球知识学习和理解的热情，无法快速提升自身业务能力，工作效率没因员工人数上升，反而下降了；二是年轻人太多，缺乏工作经验和对工作压力的正常疏导，导致工作心理变坏，不是去积极解决问题，而是一味地相互抱怨，办公室气氛变得非常消极；三是办公室政治斗争抬头，一些管理干部存在利益团体的意识，直接增加了整个团队的离心作用。

2017赛季冲超失败了，悲观和抱怨的情绪更加显露，我开始重视和反思这些问题，终于下定决心从年底开始重新考察和聘用俱乐部工作人员。

最终的结果是，足球俱乐部近三分之一人员因不适合本职工作而被调离俱乐部。

<u>工作随感</u>

赢球不仅要球队合力，也要工作人员"齐心"

记者黎叔在2018年初曾对我说："没想到你有这么大魄力，调整了这么多员工。"其实我内心是愧疚的，归根结底，组织出现了这种不得不大量换血的情况，是不应该的，作为最高负责人的总经理是有责任的。

在俱乐部的组织建设中，我认为出现了以下几个问题：

第一，管理班子没搭好。组织是由员工和管理层组成的一个共同体，其中最重要的是要先把管理班子搭建好。管理班子是组织的核心，班子成员选得好，组建得成功，将成为组织战斗力的基本保证。

俱乐部搭起来的管理班子，对俱乐部的管理理念与企业文化存在认识上的误差，缺失了对工作的"责任心"与"职业精神"，进而对整个组织的战斗力和凝聚力产生了很大的负面影响。

第二，管理调整不及时。当俱乐部管理层与员工出现不能胜任本职工作的情况时，没有及时地进行调整，影响了俱乐部的工作成绩。

第三，人才选拔不合理。我认为，作为职业足球俱乐部从业人员的首要条件就是对足球的热爱，缺乏对足球的热爱肯定无法认同俱乐部的共同目标，否则在工作中就都是委屈，都是抱怨，无法总结进步。

中国职业俱乐部由于发展时间短，没有形成人才选拔与培养方面的标准和规范，因此只能借助于地产企业的用人标准作为参考。俱乐部在招聘员工上秉承了集团的标准：一看学历，二看谈吐，但最重要的一条对足球的热情却被忽视了。

因此我开始参与面试每一个入职员工，在严格执行佳兆业集团对招聘不同岗位要求不同学历等硬性规定外，我都会问一个问题："你喜不喜欢足球，踢不踢足球？"

第四，管人带人没做好。俱乐部是一个不大的组织，员工人数少，所以要做到所有员工的目标高度一致，对企业制度和文化高度认同，才能达到相互之间较高的理解与默契程度，这样才能保证俱乐部的高效运转。但是在俱乐部的工作理念方面，管理层一旦思想出了问题，就很难将正确的工作作风与理念传递给员工。

因此，我给自己定了工作计划，每个月都要分别与新员工和中层干部一起开思想交流会，听取意见，统一思想，而且一旦发现不适合俱乐部工作的人员要及时调整。

在追求球队成绩的时候，最容易忽视俱乐部管理组织的建设，认为只要抓好一线队的管理就能解决所有的问题。事实上，如果是一个功能健全的俱乐部，组织建设必须完善。而且办公室组织的管理是否高效，也会直接传导和影响到球队的管理，因此俱乐部办公室与球队的管理都必须要重视起来，才能对比赛产生合力和向心力。

简而言之，俱乐部必须在总经理的领导下"上下一条心"。

十三、续不了约的年轻球员

引进球员是俱乐部的核心工作，引进有实力的年轻球员更是重中之重，这在很大程度上会影响未来几年球队整体实力的储备。再加上在中国足协 U23 政策出台后，年轻球员的身价和工资暴增，更让俱乐部对年轻球员"一将难求"。

但就在这样的局面下，我还是在 2016 赛季结束后没能续约一名已经在球队阵中的年轻球员。而事实上我是可以继续签下这名球员，但最终选择了放弃。这也在后来的几年，成为球迷一直对我的诟病之处。

当时，时任主教练西多夫认可这名球员的潜力，对此我也是认同的。所以赛季结束后，我与球员及其经纪人前前后后，差不多谈了有一个多月，虽然对方提出了超过我预期的工资及签字费等待遇要求，但我仍然接受了。

我本以为可以签下这名队员，几天后他的经纪人又来找我，提出了几项附加条款，这让我最终选择了放弃：一个是要求保证其出场率，另一个是如果有国外俱乐部引进必须放行，并要保证其工资不低于合同收入。我很明确地回复：不能接受，希望重新合理考虑。

最终结果就是，一拍两散。

眼前与长远该如何选择

职业俱乐部必须要有标准明确的薪酬体系，当然这其中也应该包括各项福利待遇，在科学合理的分层级标准上，要做到公平公正，这对保持球队的稳定、凝聚力和战斗力，是非常重要的。

中国足协的 U23 政策让年轻球员市场失去了理性，这助推了年轻球员的经纪人及家长的高心态。但俱乐部因此就突破现有的制度标准，这只能达到短期饮鸩止渴的效果。长期来看，轻则导致球队管理失衡、战斗力下降，重则直接推高俱乐部的运营成本，打破俱乐部之前制订的长期发展规划。

如果不仅仅是突破薪酬标准，而且还突破俱乐部管理的底线和原则，那俱乐部更不能接受了。

十四、一线队球员的调整

对于俱乐部来说，每个赛季一线队球员名单都会有一次或大或小的调整。导致球员被调整的主要因素有两点：

首先，每年引援将产生最大的球员调整。引援事关重大，所导致的球员调整最让总经理耗费脑筋。佳兆业的引援工作原则上是主教练负责制，主教练在给出引援名单的同时也会提供离队球员名单，总经理就要负责将这些主教练不需要的球员进行妥善处置。

其次，赛季开始后也会有极少数球员因严重违反队规队纪，而被俱乐部进行处罚并调整出队。这些球员可能会去预备队，也有被责令离队，就只能选择等待，等到转会窗口开启，看能不能找到下家。

说实话，被调整的球员多数是满怀怨恨的。这也能理解，被端掉了饭碗谁不恼怒，但职业足球的竞争就是这么残酷，优胜劣汰或更新换代是职业足球的常态。俱乐部会帮助这些球员寻找转会或租借的出路，但实在没有出路的也存在，球员只能面对现实。

我每年都会花很大的精力去处理这些被调整的球员，不管他们的情绪和想法怎样，甚至出现怎样的冲突矛盾，我都会告诉他们一个佳兆业的原则：不论怎样处理，都会根据合同保障球员的最大利益。

契约精神

球员被调整，是职业俱乐部之常态，在所难免。

俱乐部调整球员去预备队甚至离队，常常会令双方的关系从最初的和睦，变得有些剑拔弩张，甚至可能会在"钱"上搞出纠纷。

球员与俱乐部的核心关系，往俗里说是"钱"的关系，法律上则是"雇佣关系"或"合同关系"。所以双方的纠纷，无非就是围绕着"钱"的问题进行。

用"钱"来制衡球员，尤其是被调整的球员，也是很多中国俱乐部的常见做法，甚至很多俱乐部会专门找茬来扣减球员的工资，以此达到威慑球员建立权威的目的。

但我们始终坚持没有依据绝不随意扣减工资的原则：如果按规章制度，球员触犯规定应该被处罚的，这属于俱乐部的正常管理范畴；但如果球员没有触犯任何明文规定，却被减少了薪酬，这就不尊重合同了。

虽然这样的做法曾被很多圈内的行家认为我们在管理手段上太"软"，不符合这个行业的管理特点。但我认为，尊重合同的契约精神，是我做了俱乐部总经理后，坚决秉承的佳兆业企业文化，也是极力塑造的俱乐部文化。佳兆业接手俱乐部后，前前后后也调整了十几名球员，说实话其中一些球员对俱乐部充满怨恨，甚至恶语相向，但都没有因为相互间的恩怨，影响到合同的执行。

十五、招聘员工

一个行业或一个企业，只有培养和锻炼出很多的人才，才能称得上是有前景的行业和企业。我认为，推动中国职业足球发展的核心力量，应该是优秀的行业人才。

小唐是我们俱乐部十几个员工中的一员。他是一名应届大学毕业生，曾在北大毕业生的招聘会上取得了一家广州大型房企的 Offer，但他那个身为球迷的父亲却不同意。因为小唐生在深圳，从小又入选了深圳梯队，接受过专业足球训练，也为深圳取得了荣誉。所以他父亲希望能让孩子来球队试试，父亲的梦想是让孩子作为深圳球员站到职业比赛的绿茵场上。

小唐去预备队试了，但已经跟不上职业队的训练强度了，职业梦断，老唐很伤心。

那时深足正在招人，老唐又想让儿子来俱乐部办公室工作。我是和主管竞赛的副总老吴一起见了老唐，当时俱乐部确实也觉得小唐的各方面条件可以说得上是优秀。

我们对小唐这样既有踢球经历又有名校背景的毕业生持欢迎态度，但还是出于对孩子的长远发展的考虑，要向他清楚说明这个行业的利弊，避免我们兴高采烈地要了，但孩子却心灰意冷地逃离。

之前一段时间，俱乐部接连有好几个新员工离职，他们走之前我都会逐个进行交流，了解员工对工作的心态。几乎所有离职的员工都告诉我：来俱乐部工作之前，感觉能从事职业足球的工作，是很有光环很高大上的一件事；但干下来后却发现只是个打杂的，总是为了一些鸡毛蒜皮的事奔波，有时还会让自己感觉很受委屈；而且俱乐部就这几个管理职位，干多久都上不去，自我的发展太慢了。

即使留下来工作的员工有时也会来找我谈心，大家共同的焦虑就是"干足球俱乐部，干得时间越长，就越不知道以后还能干啥了"。

工作随感

职业俱乐部员工的"围城心态"

城里的人想出去，城外的人想进来，这就是"围城"。

职业足球俱乐部员工的"围城心态"是干得时间越长，这种心态就越强烈。小唐想来俱乐部工作，和很多热爱足球的年轻人的心态一样，热爱而又迷恋职业足球的光环。事实上，这只是一种球迷式的心态，只看到职业俱乐部的光彩外衣。本质上来说，所有俱乐部的工作人员都是后勤保障人员，工作琐碎而繁杂，再加上升职加薪的空间有限，时间一长员工的心态立马就变。

主管竞赛的副总老吴是干了二十年职业足球的老足球人，那天他和老唐说的话很有代表性："工作十几年后我参加同学聚会，大家从事什么行业的都有，不管打工还是自己做生意，只要踩上了一个快速发展的行业，现在的收入都不错。反观我本人，干了十几年足球，这个行业十几年就没啥大发展，收入比他们差很多不说，连人家说的事都听不懂了。"

我现在很理解老吴的感慨，我之前都是在大地产集团工作，行业扩张很快，很多年轻人没几年就上到很关键的岗位上了，收入也随之大幅上升。归根结底是地产行业正处于快速上升期，并且市场容量大，水池大，养的鱼多，还能养住大鱼。

反观职业足球行业，中国职业足球俱乐部满打满算没有一百家，市场交易量一年突破不了一百亿，上下游配套产业也很弱小，行业水池太小，导致人才成长的空间太小，更不可能养得住大鱼。

如果再加上这个行业投资方的高频率变动，这种极其不稳定的工作环境很容易造成从业者的焦虑心态和短期心理，导致很多优秀人才不愿意从事这个行业，即使从事也沉不下心来从基础工作做起并钻研总结经验形成知识积累。频繁的人员变动更是让原有的知识得不到传承提升，因此这也是职业足球俱乐部在管理水平上无法得到提升的一个重要原因。

十六、球迷喊我下课

2017赛季，时任主教练埃里克森开局打得很好，五轮四胜一平排名暂居第一，当时俱乐部内外的气氛都很乐观，感觉本赛季的冲超目标近在咫尺了。

足球总是瞬息万变，出人意料，从第六轮开始，球队遇到了困难，连续不能拿下比赛让队内气氛变得焦虑，长达八轮不胜导致埃里克森的下课，换上了王宝山。

但说来也巧，直接导致"埃帅"下课的"最后一根稻草"，正是在深圳主场取得一场平局的北京人和主帅王宝山。

深圳佳兆业主场平了北京人和的这场比赛，让深圳离冲超目标渐行渐远，也点燃了现场球迷的愤怒。最先是球迷大喊"埃里克森下课"，而后是喊"李小刚下课"，已经回到贵宾室的我好像还隐约听到了"李小刚滚出来"的声音。

沉重的心理压力让我在贵宾休息室内如坐针毡，一根接一根地抽烟。深圳市文体局原副局长柯刚明和深圳足协秘书长赵亮陪着我东一句西一句地闲聊，希望能帮助我缓解下郁闷的情绪。

那晚，我很晚才走出球场。后来才知道，一些球迷从体育场球队大巴的出入口进入了安保设限的内场，并与警察发生了言语冲突，有十几个球迷被警察带走。

虽然当晚我就安排了俱乐部副总去公安局看望球迷并为他们说情，但这件事致使球迷一直对我耿耿于怀，即使冲超之后仍然在球迷圈中有"李小刚报警抓球迷"的说法。

成绩、球迷、总经理的三角关系

职业俱乐部虽说是个企业，但却兼具商品价值与社会价值属性。正是因为俱乐部具有了社会属性，所以对于俱乐部总经理来说，不仅要接受来自俱乐部投资方的综合考核，还要接受来自社会的成绩评价，特别是来自球迷群体的。

尤其是现阶段的中国职业联赛中，俱乐部基本是无法盈利的，因此俱乐部的社会价值就显得尤为重要了。这也容易理解，投资人都认为既然搞俱乐部不准备赚钱了，那总得"捞个面子"回来吧，要不然搞足球干吗呢？能够为俱乐部带来最大社会价值的就是成绩，最好是冠军，由此也就产生出了对俱乐部总经理最简单的评价标准——成绩。

因此，对我这个总经理的评价，就更简单了，就是冲超！老板给予的任务就是"冲超"，城市和球迷对我的要求也是"冲超"。所以，每当联赛中遇到困境，球迷们在球场上高喊"李小刚下课"的时候，我从内心里是理解的。

但是，球迷情绪的爆发，看到的表象是俱乐部成绩的不佳，而深层次的原因则是俱乐部球迷工作中日常矛盾的积累，俱乐部成绩只是点燃了球迷情绪的导火索。

我刚到俱乐部时，看到经常有球迷随意进入基地观看训练，就向俱乐部运营部门提出了封闭管理的要求，但俱乐部员工在劝阻球迷离开基地的过程中，双方多次发生了冲突。球迷觉得俱乐部不尊重球迷，工作人员态度恶劣，而且还在网上发帖举例：车范根做主教练的年代，在笔架山训练时，看到很多球迷冒雨观看训练，就专门为球迷建起遮雨棚以方便球迷观看训练。

在这件事上，我认为俱乐部的规则并没有错，不加管理的基地，肯定会造成球员训练生活的风险与不便，但这需要与球迷进行长时间的交流，才能让球迷能够认识到俱乐部管理的重要性。

诸如此类的事情还有很多，比如主场比赛场地的管理规定，也曾与球迷发生了很多矛盾。

我总结，现阶段中国俱乐部的球迷工作有两个特点：一是日积月累，二是规则意识。所以，俱乐部在球迷工作中要耐得住性子，面对球迷的诉求，要做好充分的服务和说服工作，同时还要坚持好制度和原则，做好解释和引导，球迷观念的改变和规则意识的建立需要俱乐部长期的培育。

十七、高管会说：不要搞足球了

随着深足连续在 2016 和 2017 两个赛季的冲超失利，集团管理层内部部分高管对俱乐部的态度，开始由收购深足之初的好奇、新鲜与期望，转为抱怨、愤怒甚至厌恶。

2018 年春节后郭主席主持的高管会上，管理层对俱乐部板块反感的情绪终于明显地显露出来了。当高层们对当年工作展望自由发言的时候，一位高管直截了当地表示，对足球俱乐部每年几个亿的投入实在太大，如果用于投资买入新的土地，对公司业绩的促进作用会更大，没有必要搞足球。

我沉默不语，我能理解他们的情绪，集团的地产业绩正处于快速的增长期，需要更多的资金投入支持，这确实对于集团的发展更有帮助。

俱乐部怎样才能在集团内部有价值

职业足球俱乐部为什么是职业的，是因为它是家自负盈亏的企业。那企业都是以盈利为目的，这是市场化发展的法则，没盈利这家企业是不应该存在的。

职业俱乐部作为一家大型集团企业的下属公司，其地位是很尴尬的，每年少说要花数亿，多则十数亿，这对于所有企业都是一个非常沉重的负担。作为俱乐部的总经理，我非常理解集团高管对俱乐部的厌恶情绪，而且更是心怀歉意。

自打佳兆业集团收购深足后，真金白银投入到俱乐部的资金已经超过十个多亿（截止到 2018 年初），用麦帆总裁的话讲，地产板块的兄弟们是一套房一套房地卖，我们俱乐部是一栋楼一栋楼地花。

在这样大金额的投资情况下，职业足球俱乐部想要实现盈利，短期内肯定不行，但长期呢？我认为这取决于投资人对足球俱乐部的清晰战略定位。

我总结对职业足球的投资定位，大致分三种：一是品牌广告类俱乐部，集团需要通过足球无与伦比的社会影响力，打响自己的品牌形象，起到投入广告费的作用；二是培养球员型俱乐部，通过打造职业俱乐部平台，培养青少年球员，为年轻有潜力的球员提供上场比赛机会，使球员升值，然后将球员卖入豪门，实现俱乐部盈利目标；三是商业经营型俱乐部，随着中国职业体育市场化程度的发展，体育消费市场会越来越有价值，虽然俱乐部不是一门能赚大钱的生意，但还是可以通过运营发展，实现产业链的合理布局，逐渐实现投资人的商业目标。

那中国的投资人想没想清楚这个投资足球战略定位的问题？我想大多数是没想清楚的，更多的是认为职业足球只是个桥梁或工具吧，所以绝大多数是没有战略定位的，就更不会有长期计划。不盈利在一家企业中是没有地位的，大集团中每个板块高管位置的排序都是按盈利贡献来排的，像足球这样长期处于亏钱状态的板块，我作为负责人就是天天跑到集团财务部去要钱，腰板从没硬起来过！

这时我天天都在琢磨着，怎么能让俱乐部有价值，怎么能让俱乐部的工作被集团认可，那么第一步就是必须要冲上中超，先把佳兆业的品牌影响力扩展出去，这是俱乐部眼前的死任务。

十八、书生也能带兵打仗

郭主席说:"足球俱乐部就是军队,总经理要以军人的作风管理俱乐部,决不能拖泥带水!"

"小刚,你就是书生啊,黏黏糊糊怎么能带得了队伍?"郭主席好几次当面质疑过我。

读书出来的,真的就没法带兵打仗?我想,郭主席主要还是担心我的性格和作风。

为此话题,我和兼任俱乐部董事长的麦帆总裁也探讨过。我说,我对书生不能带兵这点不认同,中国历代出过很多科举将军,照样指挥千军万马,照样打得了胜仗!

麦总裁接过话题说,清朝有个曾国藩,书生出身打得了大仗。我说其实我更佩服的是明朝的袁崇焕,科举出身,带兵打仗,满身都是硬骨头。

正是基于这个话题的启发,我为2017年底的年度总结大会准备的汇报材料PPT里,专门加上一页就是"袁崇焕东莞纪念馆雕像的照片"。我在工作汇报最后，大声地将袁崇焕雕像下面的一行字用粤语念了出来，表示 2018 赛季俱乐部要发扬"顶硬上"的工作作风和精神。其实我很想把"顶硬上"前面的三个"掉那妈"也说出来，但最后还是放弃了，毕竟是几百人的年度总结，不太文雅。

思想决定命运

与郭主席"书生带不了兵"的观点较为接近的是，前中国首富万达老板王健林曾说过的一句话："清华北大，不如胆子大！"虽然郭老板指的是管理，王老板更偏重于讲创业，但对于这批成功路径类似的商人来说，对一个人能不能做成事的基本观点大致趋同。

一个人到底能不能将这项工作做成，我觉得首要因素是，有没有下定破釜沉舟和义无反顾的决心。只有不给自己留后路，坚持一条路走下去，不达目标绝不善罢甘休，这样的人才可能会将事情做成。

那么怎样才能成为一个好的管理者呢？管理学之父彼得·德鲁克在《卓有成效的管理者》一书中指出：世界上可能有天生的领导者，但是可以依赖天资的人实在是少之又少。换言之，领导力是可以学来的，而且也是可以学到的。所以，想把工作做好做成，除了决心之外，这个人就要有不断学习和钻研的能力。

在实际工作中，只有深入学习研究不同行业的业务特点，才能总结出这个行业的经营管理理念，从而形成符合该行业的工作风格和方法。比如，我之前很有幸能连续服务两家非常优秀的上市地产公司——恒大和佳兆业，长期从事的是品牌宣传工作，在工作过程中充分发挥出了我在语言文字创想等方面的个性，也取得了不错的业绩，正因此，我温文尔雅的书生形象得到了外界的广泛认可。

　　接手俱乐部时包括我在内的管理层，完全照搬集团的管理模式，一味按照在集团工作的习惯思维和语言与球队交流，缺乏沉下去"脚踏实地"地了解业务和岗位特点，工作飘在表面，没有把握住球队工作的方式和风格，这样产生的工作效果确实不好。

　　不过，既然接受了董事局的委派，而且自己也喜爱职业足球领域，虽然经历挫折与失败无数，但我依然坚持"搞上中超"这个目标，认真学习和反思俱乐部业务，重新找到职业足球的管理方式，挖掘出了我的激情和潜能！

十九、年会酒后立"军令状"

公司年会一年一届，一般是在临近春节放假之前举办。

近几年佳兆业集团的年会都是在香港的酒店举行，例行会议程序一般是早上九点开始到下午五点之间，各板块高管汇报年度工作总结。晚上伴随着节目演出的开始，进行推杯换盏的晚宴。我只在地产企业干过，但我想中国的企业文化都差不多，各大企业的年会也都大同小异。

白天的年度总结汇报环节紧凑而紧张，这些年来伴随着佳兆业集团的快速扩张，不仅地产板块年销售额接近千亿，而且也进入了很多新领域，比如大健康、新科技、教育及体育产业。

集团大了，板块多了，汇报的高管也多，每人五到十分钟，站在台上像打仗一样地讲。大家都尽量讲得简练，一是给的时间本来就短，二是很多业绩不好的也希望赶紧过去，避免尴尬，比如俱乐部板块。

我已经在中甲阶段汇报了两年。在2016赛季冲超失利之后，我曾在 2017 年站在汇报台上高声说了一句："败军之将，论罪当斩！"会议总结的时候，郭主席特别提到了俱乐部，也提到了我："按照业绩，早就想杀掉你好几次了。再给你一次机会。"

日子过得很快，2017 赛季再次以失败而告终，当要站到年会的台上时，我的心理压力太大了，花了这么多钱，怎么面对地产集团的兄弟们，真的羞愧难当，但我还是撑着将年度总结讲完了。

随后开始的晚宴上，麦帆总裁带着我和王宝山指导去给老板敬酒，郭主席给我们三个的红酒杯倒得满满的，我一口干了下去。之前已经喝了不少，这杯酒让我有些反胃，到卫生间吐了点。这时酒劲上来了，舞台上的节目也早已结束，我和主持人（正好是俱乐部刚到岗的应届大学生）说再放一遍我们俱乐部的新队歌《深圳力量》，我拿到话筒随着音乐就唱。

我听到了台下很大的起哄声，甚至有几个高管喊了几声"下课"。大家这时都喝到位了，把内心的一些真情绪爆发出来了，很多高管对俱乐部成绩不满，对花钱不满，这我能理解，但却刺激得我更加亢奋了。当我唱完了队歌，我没有下去，而是继续用话筒说："俱乐部这个赛季的成绩不好，我有责任，主席还很信任我，让我继续干，我愿意立军令状，签和主教练一样的合同，三轮不胜我也下课，并且冲超之前可以不要工资，冲超成功后再补！"

这时会场的气氛真的被点燃了，麦总裁和王指导也都站上了舞台，和我肩并肩地站着。郭主席坐在正对舞台的主桌上，手里也拿着话筒，他说这样的成绩确实对不起佳兆业，但最后还是嘱咐我们"好好干"。

足球总经理的"内忧外困"

职业足球和地产生意差别很大，其兼具了经济属性与社会属性，那做足球也要兼顾"虚实"两项工作，既要有扎扎实实的内部管理和业务计划，又要注重团结力量、统一思想、做好宣传。

在这方面，很多职业足球从业者的理解是要把媒体和球迷维护好，让他们能够自觉维护俱乐部的形象，配合俱乐部的各项工作。这没错，是很重要，但更不能忽略母集团内部的思想工作，这对于俱乐部顺势发力会有很大的帮助，毕竟俱乐部要指望着集团"给钱给人给政策"，所以开战之前要确保整个集团管理层对目标的统一认识。我认为，俱乐部的"内忧"比"外患"要更重要。

事实上，这点也早有高人提到过。前赫尔城足球俱乐部主席保罗·杜芬曾总结过"经营足球俱乐部的十大法则"，其一就是"董事会是否稳定可以从球场上看出来"。他说，看一看各赛季英超的积分榜就能知道，阿斯顿维拉、纽卡斯尔和桑德兰整个赛季都在积分榜的底部，就同时会被俱乐部董事会层面的问题所困扰。诸如此类的例子还有大卫·吉尔离开时，曼联的战绩急转直下；再比如，阿森纳在2019赛季欧洲冠军联赛上的优秀表现，也反映了其董事局之稳定。

对于保罗·杜芬的观点，我的理解不仅仅是说董事会人员的稳定，更是指董事会内部观点的统一。所以，我才会在年会这个高管云集的场合，既让大家能爆发一下情绪，又能通过我的"军令状"给老板信心，给集团高层一个交代！

二十、换帅卡罗

2018 年联赛开始前，我和时任主教练王宝山都很有信心，因为整个赛季的准备工作做得很充分，引援与冬训开展得都很完善。但是开赛后的前五轮很不理想，只取得了一胜两平两负的成绩，积分榜排名靠后，这对于已经在中甲打拼到第三年且立志要冲超的佳兆业来说，压力非常之大。

要不要换"山哥"？要换换谁呢？

其实从第三轮之后，集团高层就开始围绕这个问题展开了讨论。第四轮主场失利的打击是巨大的，但我经过了连续两年的冲超失败后，开始变得冷静了很多。

记得第四轮主场刚结束后，我就到集团总裁兼俱乐部董事长麦总住所的楼下去找他。麦总是在 2017 年初满怀激情地接过董事局孙副主席的班，兼任了俱乐部董事长，但当年冲超的最终失利却给他兜头浇了一盆凉水，为此我和他借酒消愁之后抱头痛哭。

在新赛季开始又遭打击的这个时候去找他，他的心情肯定很糟。

他心里也清楚我去找他要谈的内容，但此时的焦躁让他有点不想接过这个话题。我俩本想喝几杯啤酒舒缓下情绪后再聊，但又都不想到太远的地方去吃夜宵，所以在他家楼下转悠半天，最后只能在一个街角的沙县小吃坐了下来，要了两瓶啤酒两份拌面，吃喝了起来。

憋了好一阵，我才起头说到换帅这个话题，但大家都很犹豫。我代表集团来管理俱乐部两年多，就已经换了三任主教练了（王宝山的前任分别是唐尧东、西多夫、埃里克森），现在又要准备换第四个，我俩心里都觉得换得有点频吧。

但现实的成绩和我这几年的经验却不得不推动这个决定赶紧下，否则会耽误了今年的整个赛季。最终我们达成了一致，第五轮如果不胜就换，但换谁呢，不能像之前盲目找主教练了。"要有个教练的分析报告"，我们达成了统一意见。

经过了各方引荐和几番比较，我们最终把人选圈定在卡罗身上，对他的优势分析大致是：第一，卡罗有 2017 赛季带领大连一方冲超的经验，熟悉中甲联赛的水平和情况；第二，卡罗经过一年在中甲联赛的锻炼，对各俱乐部中国球员和外援的水平打法都很了解；第三，我们球队目前的战术打法是防守反击，这也是卡罗的惯用打法，在战术层面他能够不做调整迅速上手，并在训练安排和比赛打法上都能对症下药，有针对性；第四，卡罗的性格坚韧不拔，有很强的求胜欲望，工作吃苦耐劳，适合中国俱乐部的要求；最后，他的运气在中国一直不错。

后来，深圳佳兆业第五轮客场输给武汉卓尔之后，直接导致了"山哥"的下课和卡罗的上任与冲超。

决策不仅要当机立断，还要有科学依据

足球比其他行业更容易产生感情，自从我到了足球俱乐部，虽然不能做到天天同睡顿顿同吃，但陪伴主教练的时间还是要远远多于我的妻子。

与"山哥"的沟通是我在任上时所有主教练中最多的，从足球到生活，从人文到地理，可能全聊遍了。以至于我在通知"山哥"下课的那个太阳毒辣的中午，低血糖与中暑同时向我袭来，一阵上吐下泻之后，队医老孙在我的办公室里紧急给我挂了两瓶葡萄糖。

但根据那时的情况，换帅的决定是明智的，当然选择主教练的标准也是佳兆业接手深足后最明确最清晰的。对于球队，直接的作用在于实现了冲超，卡罗的各项工作情况也与分析报告非常吻合。

联赛的开始，就是战役的打响，俱乐部的各项工作必须讲求时机与果断，比赛按计划进行，一旦错过就不能重来。而且俱乐部的任何决策不仅要果断，还要有严谨的数据和逻辑分析，尤其在主教练的选择上，第一不能光看名气，更不能碰运气，第二要根据球队和球员的实际情况来选，第三是要根据俱乐部长期发展和球队打法的定位来找主教练，要判断对俱乐部短期有利还是长期可用。

二十一、总经理降职降薪

2018 赛季开局非常不顺，五轮一胜两平两负，令集团高层失去了耐心，直接导致了王宝山的下课和卡罗的上任。

对于成绩，我认为作为总经理也是有责任的。但郭主席没让我按照年会晚宴上的"军令状"下课，但也没逃掉处罚。在我带着卡罗来到老板在香港的办公室进行面试并得到聘用认可后，郭主席看着我说："降职降薪吧。"

随后有媒体报道："佳兆业集团已下发人事任免通知，深足俱乐部总经理李小刚被实际降职为常务副总经理。另据了解，深足俱乐部已停发李小刚本赛季全部赢球奖金。佳兆业集团的管理作风一直以纪律严明、赏罚分明著称，这次人事任免应该是佳兆业集团对深足俱乐部第一负责人的问责举措，是佳兆业管理风格的鲜明体现。"

这个报道的内容很准确，但还缺了一条：我的工资也被降了 10%。

职业俱乐部的管理信号就是要明确

记不清，可能至少有三次吧，我想主动或被动放弃俱乐部总经理这个职务。但最后都挺住了，更重要的是，老板虽然每次嘴上说要"砍头"，但都没有放弃我。

2018赛季是我到任深足总经理的第三个赛季，这样的战绩无论是对于佳兆业，还是对于郭主席或是我，都是无法接受的。但在开局五轮成绩惨淡的情况下，郭主席对我的这个处罚，不论时机还是内容都对俱乐部或外界是个明显的信号：奖惩分明。

对，职业俱乐部就是要直截了当态度明确，这样的管理作风符合职业体育的规律和要求，我心服口服。当然，郭主席这个"留我项上人头，为佳兆业戴罪立功"的决定，最终也导致了这个赛季的冲超成功！

二十二、让卡罗住基地

卡罗是在其经纪人陪同下到香港与我进行了第一次面谈，当大家一落座他就给我展示和讲解了自己做的一份报告。

这份报告主要分析了深足每个队员的特点以及联赛对手的状况，并向我问询了几个重点球员的情况，看得出他已做足了功课，对工作严谨与认真的态度与我的预期基本一样。

随后我们就去香港总部的办公室见了郭主席，简单地交流之后，郭主席询问了我的意见，就拍板同意聘用了卡罗。

新任主教练的敲定，也就用了不到一天时间。

但他的工作合同也谈了一天，除了常规的基本条款你争我夺之外，我提出了一个要求让他觉得很难接受，这耗费了我们很多时间。我让经纪人告诉他，他来队里必须先到基地住，等成绩稳定了再住酒店或公寓。

在卡罗这样的外教看来，这是不能接受的，他很疑惑，为什么要这样要求，也不是所有球员都住基地，在国外主教练就应该住酒店或公寓。

　　我说出了自己的理由，第一你的前任中国主教练就住在基地，基地的条件还不错；第二住在基地有利于你快速了解所有球员，球员如果有事也能随时找到你，可以快速加强你与球员的互信；第三基地住了很多年轻球员，中国教练住在基地就是为了约束住这些球员的作息安排，培养球员养成良好的职业习惯，这点我也希望外教能够做到；最后只要球队成绩稳定了，就可以离开基地住酒店。

　　卡罗的中方经纪人完全理解我提出这些要求的初衷，"这不是为难他，而是为了帮助他。"在经纪人的几番思想工作之下，双方最终对所有条件达成了一致，签署了合同。

　　当卡罗到达基地看过房间之后，他还是对居住条件颇有微词，但仍信守承诺住了下来。他带队的第一场比赛赢了下来，他马上到我办公室和我说，球队成绩稳定了球员他也都熟悉了，希望可以去住酒店，而且承诺只要队里球员有事需要教练处理，不管晚上几点他都能第一时间赶来基地！

工作随感

主教练也需要管理

　　这是目前很多职业俱乐部反复纠结的一个问题。普遍来说，在职业足球俱乐部的架构当中，总经理和主教练之间很多都是一对矛盾综合体，一些时候是谁也离不开谁，但也会时不时产生不少矛盾。总经理与主教练产生矛盾的根源主要是球队管理理念与引进球员的预算标准。

对于一线队的主教练而言，成绩是他唯一的考核标准，也是一道生死线，因此他会尽量让俱乐部多投入资金到引援中，要买好球员，那自然不便宜。很多主教练不会考虑俱乐部本赛季结束后的事，因为很有可能他干不到赛季结束。所以，这注定主教练的行为是只顾眼前利益。

相对而言，投资人会对总经理给予较大的耐心和较宽松的空间。首先培养合格总经理需要时间，尤其是很多大企业委派来的总经理，大多没有从事过职业足球行业；其次总经理也要执行集团较为长期的足球战略计划，因此频繁更换总经理会导致俱乐部建设进程的中断，不利于有效地建立起完善的俱乐部经营管理机制和企业文化。

这样一来，主教练的短期成绩要求与总经理三年甚至五年的发展规划，必然产生矛盾和问题。从正常管理的角度来说，投资人更加依赖于总经理的长期规划，而主教练则应该在符合俱乐部长期发展规划的方针下将球队建设和管理好，并打出应有的成绩。

所以，中国职业俱乐部在管理体系中，主教练应该是在总经理领导之下，按照总经理的工作规划和预算安排，完成自己的训练与比赛任务的。

主教练如何选与如何管，同样重要。最重要的是主教练要适合俱乐部的管理制度和企业文化，如果这些俱乐部发展的基本原则因一个主教练而改变了，那即使短期出了成绩，长久来看也会导致俱乐部体系与文化处于不停地重复建设之中。

二十三、市文体局"约谈"我

2018赛季的开局还是不如人愿，球队状态的低迷不仅让主教练王宝山"下课"了，也让我这个总经理再次处于"内外交困"的窘境。虽然新帅卡罗上任后打了几场胜仗，但随后的比赛仍然起起伏伏很不稳定，外界对我的指责声越来越多，甚至外界一度传言集团准备换掉我，而且总经理的候选人都已经定了。

与此同时，在网络论坛中频频出现"黑我"的网帖，直指我的几大罪状：引援不利、管理不善、胡作非为，等等。而且我的手机还会突然收到几条陌生号码发来的短信，内容基本一致：李生，深圳足球被搞成了这样，你赶紧滚吧。但经过了两个赛季连续冲超失利的反复锤炼，面对球迷的情绪发泄，我已经能够做到淡然处之。

但没想到，过了些日子后，市文体局来电话要"约谈"我，这确实让我有点吃惊不小，我也不知道要谈什么内容，搞得我有点心理紧张。

当我按照约好的时间来到局里的会议室坐下后，发现这还是个很正式的会议，相关处室领导和市足协领导都坐到了我对面。领导一开头，我才搞明白了，市文体局也关注到了近期社会舆论的各种反应，希望通过和我谈话，第一是了解球队目前的精神作风，第二是鼓励我继续带队前进，不能放弃任何机会，第三是表明市政府的关心关注，减轻我心里的包袱。

领导介绍完情况后，我搞清楚了这次谈话的来龙去脉，心里也有一点感动和自责。我向在座的领导表达我的心情，一是佳兆业在深圳足球上的投入是巨大的，是真心想把深圳足球搞好；二是要深入看清深足的底子，全面提升球队的实力需要时间，目前队伍的斗志和士气还在，冲超的机会还很大；三是市委市政府对深圳足球的帮助和政策是到位的，解决了俱乐部很多的软硬件问题；四是我个人的工作还需要努力，业务能力需要提升，尽快完成老板和城市的使命。

足球总经理的"大心脏"

做足球俱乐部的总经理，必须要有一颗"大心脏"，不仅能承受得了球场上瞬息万变的心理落差，还得能扛得住各方各面的心灵拷问。

和很多俱乐部的总经理聊天，大家一致认为"挨骂"就是足球工作的一部分，谁让我们每次引援都没把"最管用的球员"引来呢？谁让我们每场比赛都没取得胜利呢？谁让我们每个赛季都没冲超成功而让老板担心呢？这些都是摆在总经理面前的，没做到确实无话可说，舆论说几句就说几句吧，干这个活就必须要有这个心理承受能力。

　　这个世界上肯定没人会喜欢被骂，我刚做足球后被球迷在网络上指责，心里确实很不舒服，认为自己干得这么辛苦，还要被人"黑"，会有怨气。但时间长了，各种指责多了，我就认定了一个道理：冲超是我的目标，这是我的责任，我为了这个目标全力进发；至于足球过程中的每件事是任人评说的，而且这样的评价也不用负任何责任，我阻止不了，也没必要生气；失败了做好自我反思，成功了更要总结自己。

二十四、冲超路上的一次"战前动员"

对于比赛安排，我多与主教练交流，很少会因比赛与球队开会。中甲联赛 2018 赛季主场对阵领头羊武汉卓尔的"战前动员"，是我赛前去球队为数不多的几次讲话。

与武汉卓尔的比赛，是 2018 赛季冲超的关键战，那场比赛事关深圳佳兆业及其他竞争球队的走势。如果在主场不能拿下武汉卓尔，我们不仅在冲超阵营中会掉队，提前宣告冲超失败，而且将基本确保武汉卓尔冲超成功。

由于这场比赛的重要性，赛前几天我已经沉浸在了紧张、兴奋和担忧等种种情绪交织之中。因此我想我所处于的这些情绪，应该也存在于全队每个球员的心里，我感觉有必要代表郭主席和麦总裁去给大家在赛前减减压，同时激励大家放手去拼。

我在比赛日的上午去了球队入住的君悦酒店，利用球队集体做热身活动的时间，给全队包括教练组做了战前动员。

"不要想结果，要敢做动作，而且要踢得潇洒！""谁都不能在我们的主场踩在我们的身上冲上中超！"我大致和大家说了这么几句，不，不是说，是喊了这么几句！而且还骂了几句粗话！最后我也宣布了两项奖励：一是郭主席增加了本场赢球的奖金金额，二是赢球后我就为每个上场球员擦鞋。

如预期所料，当天晚上的比赛确实惊心动魄，我们先进球，后被追平，再进球再被追平，最后剩下的比赛时间没有多少了。我的心都提到嗓子眼儿了！

我的心里是害怕的，背负了保平怕输的负担，我经历了太多的被逆转，担心比赛结束前出现意外；同时我又充满了期待，从内心里感受到全队的拼劲和赢球的渴望，觉得运气应该在我们这边，会不会不止能保平，还能带来一场胜利？

果然到了最后一分钟，我们在对方半场获得了一个前场定位球的机会，球员葛振将球踢出，球门前双方球员在互相争抢中，造成了对方守门员判断失误，球从他身下漏入了球门。

读秒绝杀！我们赢了！

工作随感

团结是战胜一切的力量

球队上场比赛，除了竞技层面的较量，还有心理层面的博弈。尤其是一些关键比赛中，甚至是在一个赛季或几个赛季中，"思想统一、目标一致、团结紧密"的球队往往会创造出出人意料的结果。

团结来源于制度、管理和文化，一旦球队能够认同俱乐部的规章制度，能够将俱乐部倡导的价值观"内化于心"，那这个球队和俱乐部的文化就会深入人心，其生命力将不是几场比赛的胜利可以比拟的。

当然，让整个俱乐部成员认同自己俱乐部的文化，并不是一朝一夕之功，这不仅需要集团和俱乐部管理层"自上而下"地不断宣教，更在于俱乐部总经理与球员教练的朝夕相处，通过自身的言传身教去影响大家，通过典型事件的处理去引导大家。

买球员较为容易，只要投入金钱；将球员拧成一股绳很难，因为这不仅仅靠金钱，还需要时间和方法，更需要俱乐部良好的管理和文化。

二十五、足球的结果是必然的

大多数比赛的前几天，我要么选择和卡罗一起开个会，要么就去听下他给全队的赛前战术部署课，这样我可以了解下比赛的战术安排。

对待工作卡罗很认真，战术分析得也很细，刚开始的时候我听完他的分析，都会问他一句："能赢吧？"他总会回一句："我们这个星期的训练备战都按计划要求做到了，我相信上帝会指引我们胜利的道路。"

是的，我理解卡罗的话，足球有很强的偶然性，但严格按照计划去做，就会最大限度地控制住我们想要的结果。

后来德国的一家体育公司的老板也给我带来相同的观念，"足球的结果都是必然的"。这家公司名叫 TÜV 莱茵体育、德国 SLC 体育文化管理有限公司，其董事长马致中教授（Prof. Dr. Alfons Madeja）专程来我们俱乐部进行交流，并为管理层介绍了其公司的业务，其核心理念就是"足球的结果都是必然的"。

这位教授做过德国一家职业俱乐部的总经理，后又在大学从事了体育管理的研究工作，所以他们能把管理实践与管理理念结合得很好，想用体育工作标准化的认证来提升和把控住俱乐部的工作质量，进而有计划有步骤有措施地达到球队的成绩目标。

虽然后来我们因为各种条件不具备没有达成合作，但"足球的结果都是必然的"这个理念却一直影响着我。

实现足球管理标准化

"足球管理标准化"，我想这是个充满争议而且有些空洞的课题。

刚到俱乐部开展工作后，我最大的感受是足球行业应该属于艺术创作范畴，球员和教练要靠天赋和创造力才能踢出精彩的比赛，所以我感觉职业足球这个行业，至少是球队这个板块，太难按照我们传统行业的工作规范标准化了。

但标准化是一个成熟行业的前提，如果不能标准化，很多管理制度和流程是出不来的，即使出来了也是纸上谈兵毫无意义。那我管理这家俱乐部和各级球队，难道是要靠天赋？靠运气？靠灵感？

很长一段时间，我都被这个问题所困扰。我决定还是先从俱乐部办公室下手，去研究后勤保障的标准化，毕竟他们的工作很多还是可以量化的。通过具体事项的参与和与员工的调研，推翻了很多之前生搬硬套来的制度和流程分工，根据实际工作内容和特点重新进行了划分，取得了预期的效果。

随后，在球队工作方面，通过要求领队和主教练提交工作计划和训练比赛计划，然后到现场仔细观察训练课的安排，进行每周反馈并查看执行结果，一步步做到对球队和主教练的工作有所评估。

二十六、从盗版球衣到内部广告赞助

　　对于俱乐部商务工作，我花费的精力不是很多，基本上完全放手让商务团队去做。但几年来的商务销售额始终不大，后来与其他俱乐部交流发现都处于相似的状况，数十亿的投资额居然换不来每年上千万的商务赞助合同。为此，我和商务部门多次开会研讨，以小到大发现了几个现象。

　　先从"正版球衣"这个小的事件开始说。球队球衣销售是俱乐部商务经营中最常规也是最受球迷欢迎的一环，但即使俱乐部到了中超，正版球衣的销量不论怎么加大推广都没有明显提升，随之而来的却是各种盗版球衣充斥球场。

　　再看"球衣广告"这个俱乐部最主要的经营收入来源。四年来俱乐部的球衣正面广告赞助商先是佳兆业深圳公司的楼盘广告，后是佳兆业集团的形象广告；而球衣背后的赞助商则是佳兆业旗下的深圳航运集团和佳兆业健康集团。

　　粗略一看，俱乐部在现金赞助方面，除了仅有的海尔集团深圳公司给予了一定的支持外，广告收入的大头都是来自集团体系内部，俱乐部自身的招商能力太弱了。没错，这就是俱乐部商务工作的现实情况，但却不仅是深足，几乎所有的中国职业足球俱乐部都是这样，商务开拓只能"自娱自乐"！

商务开拓为什么只能"啃老"

从理论上讲，比赛日收入（球票及接待服务销售）、转播收入（国内联赛、杯赛以及洲际赛事）和商业收入（赞助商、周边产品、球场旅游参观及其他商业行为所获取的收入）是职业足球俱乐部公认的三大收入和利润来源，那么商务开发应该是职业足球俱乐部的一个重要板块，长期来看也是俱乐部实现自我造血的重要增长点。

但现实中不管是广州恒大还是深圳佳兆业的商务拓展，除了每年的票务及球迷衍生产品等常规类的商务开发工作外，基本上都是要找"爹"去要。

中国职业俱乐部商务工作普遍出现"啃老"现象，我认为主要是以下三点原因：

一是由于中国职业足球联赛的商业影响力还没有发展起来，导致球队的广告价值没有想象中那么大，赞助商愿意赞助的金额远远低于俱乐部的预期，集团一评估还不如自己做广告算了；

二是很多赞助商的商业目标并不在于俱乐部本身，而是盯着集团的采购需求，比如很多电器和建材企业，赞助合同都带有与母集团捆绑的采购要求，这显然又让外部赞助变成一种母集团变相的赞助行为；

三是来自球迷的消费收入很难提升，即使中超豪门的球迷也缺乏消费正版俱乐部商品的习惯；

四是由于比赛球场并不属于俱乐部，导致比赛日收入的开发基本没有；

最后，中国足协垄断了球衣、汽车、啤酒等大行业赞助权，也造成俱乐部在商务开拓上的局限。

二十七、球迷最想参加俱乐部的什么活动？

经过 2017 年球迷喊我下课的事件后，我的感觉是俱乐部与球迷的关系仍处于紧张之中，负责球迷工作的同事一直在想办法如何缓和双方关系，增强双方的沟通。

其实，俱乐部与球迷的互动一直不少，一些事关球迷的重要事项，比如赛季票务价格及分配方案、球队训练开放日、球迷足球友谊赛等，都会邀请球迷代表前来俱乐部，听取球迷意见，增加球迷对俱乐部的参与感。

但这都是一些传统的活动，时间一长我发现球迷的反应并不热烈。那怎样才能满足和调动球迷热情，这就引发了俱乐部内的一次专项讨论会，并产生了球迷电竞大赛活动的出现。

"你说球迷最想参加俱乐部什么活动？"我问公关部经理小吴。

他还没回答，干了快二十年足球俱乐部的副总老吴接过话说："球迷啊，恨不得天天找到球员聊天吃饭，混得像哥们一样，这样就可以到处给朋友吹牛。"

"其实球迷对俱乐部给他们安排的活动兴趣不大，大多也就俱乐部的员工或个别球员陪他们一起玩玩，最多也就是管理层参加。"小吴补充说了看法。

是的，这点我也想到了，球迷就喜欢接触到球员，深入到球员的生活中。那怎么能在俱乐部制度规定的范围内，满足球迷的需求呢？

大家你一言我一语地讨论着，我想了想说："听说好多球员都喜欢玩 PS 实况足球，我听翻译说普雷西亚多打得挺好，很多球员都打不过他。其实我也喜欢玩，就是水平不高。"

我将我的想法说了出来："我相信很多球迷也喜欢玩，今年又是世界杯年，咱们就举办个由各级队伍的球员及俱乐部工作人员、球迷和合作伙伴一起参与的足球电竞大赛吧！"

2018 年 6 月，深圳佳兆业举办的足球电竞大赛正式开始，很快报名就满了。为了公平，每个参赛人员随机抽取所代表的球队，然后模仿世界杯决赛圈的分组安排，电竞大赛热火朝天地开始了。

但结果谁都没想到，一场比赛结束，冠军就已经出炉了。原来一位从香港报名来参赛的选手展现出了超强的实力，"他赛前调手柄设置只要几秒钟"，几个观摩过比赛的同事和我说。

这个香港球迷果然一路过关斩将，都是大比分拿下比赛，即使赛前呼声很高的普雷西亚多在半决赛与他相遇，也被打得一直摇头，淘汰下来。输了球的普雷可能还不知道，在 FIFA 游戏的世界里，他这位粉丝比他在足球界的现实地位还要高。

当这位香港球迷拿到冠军后我们才知道，他叫范倬华，是一名电竞准职业选手，而且他还拿到过亚洲杯亚军，差一点就取得了参加世界杯的资格。同时他也是深足的资深球迷，深足电竞赛夺冠，对范倬华这种准职业选手来说完全不是艰难赛事，但他说："能和自己喜欢的球员普雷西亚多打一场比赛，比参加任何比赛都要幸福。"

怎样让球迷与球员"零距离"

球迷工作是职业俱乐部工作的重要组成部分，所以所有的俱乐部都在和球迷"拉关系"，当然也包括我们佳兆业。

我把俱乐部与球迷的工作叫"拉关系"，虽然感觉俗了点，但我觉得很贴切，符合中国职业足球联赛中球迷与俱乐部的微妙关系。

但这个"关系"怎么拉呢？各俱乐部花样很多，还有好几家俱乐部到处宣讲开展了很多球迷活动，建立了自己的球迷文化。那是不是大家开展的球迷活动，都对了球迷们的胃口呢？首先就要分析分析球迷想要啥。

经过几次俱乐部对球迷行为研究的专题会议，我总结了下球迷想要的有这么几点：一、随时能与球员教练"零距离"接触；二、俱乐部总经理经常听取球迷领袖的意见；三、在票务和衍生产品环节一定不能忘了球迷组织；四、俱乐部最好能资金支持球迷客场远征或球迷自己的活动。

但是，这个"零距离"俱乐部很容易把握偏。佳兆业进来前甚至是进来后，有很多球迷可以不凭正规证件随意出入主场的内场和主席台，甚至可以随意到基地看训练，到球员的房间内"拉家常"。球迷领袖不满足于在规定场合参加由总经理主持的各项活动或讨论会，希望能是私下接触，等等。

这些在俱乐部球迷工作中存在的各种问题，我随之都做了制度化的约定，基地保持封闭管理，定期向球迷及媒体做开放日活动；在俱乐部办公室，不定期召开由俱乐部管理层参加的球迷组织会议，听取球迷的声音；严格规范主场内各区域的管理，强调必须凭证出入，保证正常的管理秩序；等等。

可能所有这些制度规范，打破了原先一些球迷的特权，使他们对我产生了很多意见，认为我不懂足球行规及球迷文化，不尊重球迷付出。就是在此背景下，我与俱乐部同事共同探讨球迷工作得失，最终认定坚持我们的球迷工作制度标准是对的，但在球迷活动中缺少了对球迷合理需求的针对性研究，因此我们才有了举办俱乐部电竞大赛的想法，通过与球迷正常的"零距离"，满足球迷的想法。

时至今天，我都在反思和总结。"什么是职业足球俱乐部正常的正确的球迷文化？"我坚持认为，"有制度约束、有规则可依、有共同价值认同的球迷文化"才是正常的球迷文化，但职业俱乐部要达到建立这个球迷文化的目标，作为总经理"要有很多坚持，要顶住很多压力，要有很多符合球迷需求且具创造性的活动来推动"。

二十八、将球迷的口号刻在俱乐部的文化墙上

中甲 2018 赛季俱乐部的冲超压力非常大，但我同样很关注中青超 U19 联赛的比赛。只要有时间，我都会到主场去看俱乐部 U19 梯队小伙子们的表现。看梯队孩子们的比赛，无论输赢，只要认真拼搏，我都会感到心情非常舒畅。

去看的次数多了，我发现除了小球员的家长会来现场观赛鼓劲外，还有十几个球迷也会带着战鼓和队旗，为球队加油助威。每当看到有球迷注意到这些孩子们，关注到俱乐部的未来，我心里就会充满感动。

球迷们第一次来给 U19 梯队助威的时候，还不认得场上这些小球员，但他们找到报名表一个一个地喊他们的名字，为一场少人关心的比赛平添了热烈的氛围。梯队的球员们也深受鼓舞，很争气地赢下了这场比赛，赛后都列队向看台上这十几个球迷致谢。

我和这些球迷们一起走出球场，记得当时球迷"疯子"可能觉得这次助威没记全球员的名字，随口对着那些小球员说了一句："让我

们能记住你们的名字！"

这句话让我颇为感慨。这是一句很接地气的口号，来自球迷的心声，充分地表达出了球迷和这座城市对俱乐部所有球员的期望。我随即回了"疯子"一句："你这句话说得好，很真切，俱乐部在宣传上要用上。"

后来我和俱乐部公关部开品牌宣传专题会的时候，专门提到了球迷的这句很有感染力的话，并对其稍加修改，作为一句重要的宣传口号刻在了俱乐部办公区的文化墙上——"让深圳记住我们的名字！"

从现实生活中汲取营养"丰满"俱乐部文化

职业俱乐部文化的重要性众人皆知，每家职业俱乐部也都标榜自己有文化。

不过仔细看过所有俱乐部的宣传口号之后，总觉得有点"如有雷同，纯属巧合"的感觉，大多数都是"夺冠军、争第一、永不放弃、拼搏到底"等等。

我个人感觉，目前中国职业足球俱乐部的品牌口号几乎都是竞技运动的共通特点，缺乏较为鲜明的个性特点，这也包括深圳。很多俱乐部的口号直接就来源于俱乐部老板或高层，是否有故事、有人物、有历史、有背景，并不在俱乐部考虑之列，所以绝大多数就趋同了。

文化不仅要"从上而下"建设，更应该要"从下而上"发现和提炼，只有真正地深入到基层中去，从现实生活中去发掘，然后经过提炼和包装，通过讲故事的形式，才能让这样的口号永远鲜活感人，才会有影响力和生命力。

在俱乐部文化的建设上，我们做得还远远不够。

二十九、为保洁员和厨师们拍"定妆照"

每年赛季开始前，俱乐部都会为所有一线队教练和球员拍摄定妆照，一是用作俱乐部对外形象宣传，二是作为历史资料存档。这已经是职业俱乐部的例牌菜。

2018年初的一次工作周例会上，俱乐部公关部汇报了这赛季球队定妆照的计划。关于怎么拍摄能更出效果，大家你一言我一语地讨论了起来。我说了一个我的思考："职业俱乐部一直强调我们是职业的，做职业的事，做职业的人。每年我们拍定妆照，仅仅是把球员和教练的身影留在了历史中，但每个赛季下来都是俱乐部所有人努力工作协同作战的结果，我觉得不仅球员教练是职业的，要享受到职业的服务；我们最基层的工作人员也是职业的，也应该享受到职业的待遇，能留在俱乐部的历史中！"

这次例会后，俱乐部就把当年拍摄定妆照的范围扩大到了所有员工，包括保洁和厨师。在拍摄之前要为每一位员工精心化妆，在摄影棚中面对镜头的时候，大家尽情地摆出自己喜欢的姿势。一位保洁大姐很感动地说，就是自己当年结婚时都没有画过这么精细的妆，能为这家俱乐部工作感到非常荣幸。

俱乐部是整体的职业，不是局部的职业

职业俱乐部是一部运转精密的机器，每个零件都不可或缺，即使是一颗螺丝钉，当产生松动的时候，也会使机器产生大事故。

成绩是职业足球最直观的结果，球员教练是舞台上最耀眼的明星。当成绩稳定而喜人之时，人们最容易聚焦到这些明星身上。但作为职业经理人必须懂得，这部机器中每个部件都是功臣。

我认为，职业俱乐部的职业，不仅仅是被外界看到的部分是光鲜的，是职业的，而应该是全方位、全流程、全岗位的职业。所有员工不仅应该都受到所属足球业务领域的专业训练，做到高效协同运转，而且也应该受到应有的职业尊重和待遇，让所有从业者都能有归属感和荣誉感，更愿意沉下心来踏实工作，专心研究提升自己的工作业务。

三十、为荣誉室找"文物"

职业足球俱乐部能有一个属于自己的基地，就有了长期发展的根基。深足长期租下了西丽丽湖足球训练基地，着实让俱乐部的所有员工都兴奋不已，"终于有家了!"虽然我们的基地面积还不够大，但"吃住训"的基本功能都可以满足，而且紧邻市中心，地理条件可谓得天独厚。

大家都很珍爱这个来之不易的"家"，集团设计院也开始根据俱乐部的使用要求来改造基地，双方花了很长时间讨论各个功能区的划分和设计，力求能够在不浪费一寸面积的基础上，达到郭主席要求的世界级水平。

设计之初，俱乐部内部进行过讨论，一致认为在这有限的空间内必须要挤出一个地方，建造专门的荣誉室，将俱乐部的历史完整充分地展示出来。最终，在俱乐部办公区的二楼，设计出来一间八十多平方米的大房间作为荣誉室。

荣誉室的面积虽然不大，但好在现代光电展示技术的发展，完全可以弥补空间的不足。谁都没想到，精心设计的荣誉室，真正的难点并不在于技术和设想，而在于内容的收集。

文化和历史，必须由一些物品来承载，即使是事件也不能只靠口头流传，也需要有文字或影像的记载。但这些却真将我们难住了。俱乐部的设想是很好的，从1994年俱乐部成立开始，把每个历史阶段的重要"文物"都收集起来进行展示，但俱乐部在这二十几年的历程里，投资方和员工的数次变动，已经将各阶段的历史遗失殆尽。

没有文化载体的俱乐部，讲所谓文化就显得非常苍白而空洞，这提醒我们俱乐部的管理者必须要重视对历史档案和物品的存档工作，这对后来者的学习、积累和提高有着非常重要的作用。

当然，最后俱乐部花费了大量的时间和心血，翻找了很多媒体新闻，终于找到了一些珍贵的报道文章和影像资料，并且从球迷中间还征集到了一些历史"文物"，同时也建立起了俱乐部系统的资料存档机制。

工作随感

俱乐部的文化传承为什么总是"口头"传承

职业足球俱乐部最后的核心价值和竞争力是文化精神。这点每家俱乐部都承认，也都在标榜传承历史和文化，但对于历史又是如何传承的呢？

不仅是一家俱乐部，其实在每一家企业的发展过程中，历史档案的保存工作对知识沉淀和文化传承都极为重要。但我们的职业俱乐部经过频繁的股东变动，有多少能有系统完备的档案存储呢？

没有了系统的文件档案存储，就只能不停地重复建设，不停地将没有载体的文化留在口头，也就不可能站在前人知识积淀的基础上学习进步。说白了，职业足球俱乐部没有文化，就没有培养人的基础。

三十一、球员参加"天使宝宝"公益活动

球员既是高收入群体，也是高关注群体。近几年球员工资暴涨之后，社会舆论对球员和职业俱乐部的各种争议不断，在我的实际工作中，有时也会深受球员工作生活方式和价值观导向的困扰。

怎样才能让球员和俱乐部真正地融入到深圳这座城市之中，又怎样能让我们球员在感受到社会各阶层的工作生活后，对自己的责任心和价值观有所提升，这个问题我想了有一段时间。

我在佳兆业集团是负责品牌工作的，这项工作中的一个内容就是落实集团的慈善公益事业。因此，很多年来我执行了许多集团的公益捐助活动，不仅带给了我很多感动，也让我从中感悟了人生的意义。

随着与球员的交流越来越多，我越发觉得社会公益活动对球员和俱乐部有着重要的教育意义，甚至是思想凝聚作用。因此，我与之前在集团公益工作中就有合作的深圳关爱行动公益基金会秘书长彭伊娜取得联系，希望她能帮助俱乐部寻找一些针对性的公益项目。

彭秘书长推荐俱乐部参与"深圳市天使宝宝关爱计划"（脑瘫儿

童即为天使宝宝），并表示不仅需要资金的帮助，更需要球队队员对孩子们的关爱活动。随后一线队球员乔巍捐出了俱乐部奖励给他的比赛拼搏奖金 20 万元，其中 10 万元资助给了深圳市天使家园特殊儿童关爱中心。

2018 年 6 月，俱乐部利用赛程的间隙期，在球队基地开展"天使宝宝深足夏令营"活动。主教练卡罗带领球员参加了活动，球员们耐心地指导孩子完成带球、射门等一系列训练。

卡罗参加这个活动背后还有故事，当时我安排他带球队来参加这个公益活动，他还以自己工作紧张为由不打算参加，但我还是要求他要全面地支持俱乐部的工作。这次公益活动结束后，他主动和我说："这个活动对球员会有帮助。"

工作随感

让公益成为球队一门定期的训练课

一家俱乐部发源于一座城市，运营和发展都离不开这座城市和市民给予的各种资源的配合和支持；一名球员成长于这个社会，能够获得高额的收入和公众的尊重就应该承担起应尽的社会责任。

目前我们一线队的绝大多数球员，都是在封闭的训练环境下成长起来的，因此在成为职业球员后，自身会形成一些问题：一是人际关系很单一，基本只有"队友"概念，没有更多的社会关系概念，比如

"同学""校友""师长"等，甚至有好几个队员和我说"我从来都没有过女同学"；二是文化课教育很少，很多球员"混"完了义务教育，在综合文化知识上缺少系统培养，难以养成自我总结反思和学习的能力；三是生长环境太简单，缺乏全面的社会接触，对社会中的问题缺乏深刻认知，无法形成正常的价值观。

而这些种种潜在的问题，最终都会反映在职业球员的生活、训练和比赛当中，特别是在自我发展的规划上、价值观评判上以及对待训练比赛的态度和责任心上。

因此，我特别希望能让球队多接触社会，尤其是多参加慈善公益活动。这不仅仅是为了球员和俱乐部的形象，更希望能从深层影响触动我们的队员，如果能对他们的人生和生活目标、训练和比赛态度等产生一点点作用，那就应该成为球队定期开展的"训练课"。

三十二、参加中国足协的工作会议

干了足球之后，少不了参加中国足协的各项会议，但对我影响较大的会议有两次，分别是 2017 年初中国足协组织的职业联盟成立讨论会和 2018 年底中国足协召开的俱乐部准入工作会议。

2017 年初那次会议是在武汉，中超和中甲的总经理都被召集在一个会议室里，在足协领导的主持之下，每个总经理轮流发言对职业联盟章程表态。

当时佳兆业还身处中甲，而且刚介入足球时间不长，所以没有关注和参与到职业联盟的筹建工作。但通过各位总经理的发言，我明白了，对于职业联盟章程存在中国足协修改版与俱乐部筹备小组拟定版的矛盾。这个矛盾的核心在于，俱乐部筹备组突出了职业联盟的独立自主性，而中国足协则强调拥有最终的决定权。

大家的发言很热烈，但各俱乐部的意见既不统一也不明确，听不出个所以然。我想虽然大家都对分歧点心知肚明，但大多数俱乐部并不想把分歧点扩大化，所以最终又不了了之。

2018 年底的中超准入工作会议是在河北香河国家基地开的。上午大家一起开大会，中国足协的相关部门负责人讲解足协准入工作的基本原则和概况，下午中超中甲中乙三级俱乐部开始分组讨论各级别的准入条件细节。

关于足协准入政策的"球员工资帽""俱乐部注资帽""奖金帽""转会金额帽"的各项细节，媒体都进行了详细的报道。但会上的意见并不统一，尤其是在各项红线的"一刀切"问题上，各大豪门俱乐部认为很多历史遗留的问题（比如已有合同）难以解决。

俱乐部的"夹板气"

时至今日，中国足球职业联盟的成立好像还在进行之中。中国现有体制下，职业联盟的建立，无疑又将是中国足球职业化市场化的一大进步。但关键的是，职业联盟能不能按照最初的设想成立起来。

职业联盟的存在是要从根本上保障俱乐部及投资人的利益。中国足球职业化的演进过程中，本应属于职业俱乐部的利益并没有得到明确保障，比如联赛产权、经营权及管理权。只有从市场化角度考虑，充分将足协掌握的联赛资源"还于投资人"，才能极大的刺激投资人的热情，促使投资人将职业足球当作长期经营的生意去做，用市场化的规律去经营管理俱乐部，进而发挥资金和管理的巨大优势推动联赛价值的提升。

对于中国足协的准入政策，在之前中国足协几次召开的讨论会上，我曾表达很支持。这是心里话，有了中国足协的准入政策，俱乐部也有了工作的依据和标准，能保障中国职业足球的长久稳定健康发展，对从业者来说是好事。

中国足协制定这些准入政策的出发点是好的，也参考了成熟且发达的职业联赛的管理经验，但却忽略了一个前提是，日韩或欧美的职业联赛是完全市场化的，所有的职业俱乐部要素都是市场化配置的，且有相对的法律法规作为保障，在社会资源方面基本可以通过法规合理解决。

反观中国的职业足球要素市场并不完全市场化，且缺乏相应的法律法规依据，用中国足协最为理想化的准入政策强压俱乐部，俱乐部只能拼命向地方政府求援，而地方政府又因"无法可依"而短期难以解决，进而导致中国的职业足球俱乐部承受了"双重压力"，最终因为基地问题确实有几家俱乐部受到了处罚继而降级。

所以我曾在足协会议发言中表示，可以用这个政策来考核俱乐部的前提是，有一些准入条件比如资金投入方面的，俱乐部可以自行约束，比如制定总体年度预算、赢球奖金、转会费及球员工资等，但对于体育场和基地等社会资源的长期租约上，足协能不能帮俱乐部出面来搞定地方政府，或提升到国家层面，通过全国人大会议或政协会议提请议案，获取国家立法层面的支持。

三十三、收购东莞麻涌U17梯队

2016年中，佳兆业收购了东莞麻涌的U17梯队。

这次收购的背景是：（一）深足快有十年没自己的梯队了，佳兆业既然搞了足球，按郭主席的要求对标国际顶级标准，那么青训是必须要有的，而且要有自己的青训体系；（二）当时中国足协的文件要求中甲也必须要有U17梯队，所以收购麻涌这支队也是形势所迫；（三）麻涌这支队的整体实力不错，也值得俱乐部投资。经过青训部多次谈判之后，我最终决定把这支球队收了过来。

可想而知，盯上东莞麻涌这支球队的俱乐部肯定不止佳兆业这一家，广东职业足球的两家豪门肯定不会忽视了麻涌这个机会，而事实上我们也是最晚接洽麻涌的一家俱乐部。

为何我们能在豪强的激烈竞争中后来居上？麻涌的领导说出了他们的想法："恒大、富力都来找过我们，开价也都比你们高，但就想挑走几个他们看得上的球员。那我们不会同意，这个队所有球员都是我们的心血，骨干被买走了，我这支队怎么办？而你们可以整体接手这支队，所以我们宁愿价格稍低，也要卖给你们佳兆业。"

这支队顺利来到了深圳，成为深足十年来第一支属于自己的职业梯队，也为俱乐部的青训建设打下了"第一根桩"。后来随着教练的悉心培养及系统比赛，几个突出的球员脱颖而出进入一线队，甚至披上了国家青年队的战袍。

创造条件也要把青训搞起来

青少年足球培养工作，周期长见效慢，且远期风险不可控，但这是一家俱乐部能否长远稳定发展的基础，也是投资人投资足球的长远规划中很重要的组成部分。可以说，青训工作是评判投资人投资足球的决心、信心和意志的体现。

作为总经理，必须要统管青训工作，这样才能将青训工作纳入俱乐部建设的长期发展规划之中，并且能保证青训训练体系在俱乐部自身的基础上进行搭建，有利于保持各级球队风格的一致性。

佳兆业刚刚接手深足之时，俱乐部缺乏搞青训的条件，包括场地因素、青训理念、教练储备及球员资源等，但仍把青训部成立起来，从购买外地梯队开始，到逐步建立起本土的青训体系。

三十四、聘用深足老外援乐山孝志

乐山孝志，中超首个日本外援，也是第一个在中超攻入进球的日本球员。为深足（深圳红钻时期）效力三年后，合同到期的乐山孝志在 2013 年 12 月选择了退役，在深圳办起了青少年足球培训机构"乐山足球塾"。

乐山的训练方法和成效都有不错的口碑，这些我也有所耳闻，所以虽未与乐山谋过面，但已较为熟悉。此后，我一直有想法把乐山再聘回俱乐部，让他为俱乐部正在搭建的青训体系做点贡献。

我和他第一次见面已经到了 2018 年。当时罗湖区已经和俱乐部达成了青训战略共建的协议，我想请乐山回来的时机成熟了，所以让俱乐部副总老吴请他来我办公室坐坐。

初见乐山，和我想象中的差不多，很了解中国文化，人也很开朗，尤其是普通话说得也不错，沟通上的无障碍令大家相谈甚欢。随后，我开门见山地说出了请他回来执教梯队的想法。当时俱乐部有一支 U15 的队伍需要主教练，我认为乐山应该能胜任这个主教练的职务。但让我意外的是，乐山显得有些犹豫。我以为他是因为 15 岁年龄组的级别太低了，希望能接手更高年龄段的队伍。

因为之前我有过这方面的经验，我们曾经找过几个知名度较高的中国退役球员，希望他们能执教梯队，但都回绝了。原因只有一个，就是希望能到一线队或至少预备队去任职，甚至其中一个直截了当地和我说："教小孩我可待不住啊！"

所以根据以往的经验，我想打消乐山的疑虑，就和他讲，先从15岁的开始，干几年有了成效，就能去执教更大年龄段的队伍了。乐山摇摇头，说："李总，不是因为他们太小我不想去教，是因为他们太大了，不是我选出来教出来的孩子，这个年龄再教怕是来不及了。"随后补充道："要不让我去教U8梯队，给我五年，保证这些孩子们大多都能用得上。"

这着实让我有些吃惊，同时也挺让我打心底里钦佩，"最优秀的教练到最小的年龄段开始带队"，这才是足球青训成功的正道。但俱乐部也是刚刚开始组建梯队，与罗湖区的青训共建目前是从U12年龄段开始的，所以只能笑笑对他说："你的想法我很赞同，也很钦佩，只是现在还没有精力从U8梯队开始组建，但肯定很快就能开始，到时我就让你去负责U12以下所有年龄段的队伍。"

工作随感

让最好的教练到青少年培养中去

我想请乐山孝志回到俱乐部，主要是基于俱乐部"传承"和他的

"能力"。

第一是传承。乐山是球队的老队员，也是第一个日本外援，球技和品德在他职业生涯中受到了深圳各界的高度认可，他继续在俱乐部工作，能成为深圳俱乐部形象最具象的文化载体。

第二是能力。乐山是日本青少年足球体系培养出的优秀球员，熟悉日本青训模式，加上他个人具备很强的学习能力，在青训领域对新事物的学习总结始终没停止，而且在深圳创办的青少年培训机构的实践效果很好。再加上乐山热爱深圳，退役后的大部分时间都留在了深圳，希望能为深圳做点事，俱乐部就给他从梯队开始的机会。

虽然我原本只是基于以上考虑请乐山回来，没想到还带给了我对青训很大的启示。日本足球为什么能够崛起，就正如乐山自己所说，他希望能从 8 岁年龄段开始带队，秉承的是日本足球严格严谨的计划精神和执行能力，必须要有优秀的教练下沉到青少年环节去，脚踏实地，一步一个脚印去培养青少年，才能够将职业足球这个金字塔的地基做大且打牢实，最终推进国家足球整体水平的提升。

三十五、被清退的梯队小球员

我特别喜欢去看青年队的比赛，因为能看到他们一点点的变化，就像看到了俱乐部的未来。我也曾梦想着以后他们中会有几个球员能站在我们的主场，代表俱乐部征战中超。可以说，俱乐部梯队的孩子们是在我的眼皮底下看着成长起来的。

从麻涌收购的队伍，因为是俱乐部的第一支梯队，所以教练组以很强的责任心去培养这支生力军。经过两年多的系统训练，队伍的整体实力得到增强，而且也出现了几个冒尖的球员，甚至被各级国家青年集训队征召，这真是件让我非常开心快乐的事情。

但是到了这批球员大部分进入到预备队之时，孩子们的职业梦想与"金钱"追求之间发生了激烈的冲突。

按照俱乐部的规定，小球员进入到预备队后，会按照预备队球员的待遇与球员重新签署职业合同。但就是这次签约，在孩子们中间却引发了很大的波动。

先是有几个小球员认为，俱乐部的待遇太低，他们不能签约。随后这几个球员开始影响其他的球员，认为现在中国足球的市场好，很多俱乐部都在储备小球员，而且能开出更高的工资，便鼓动更多的球员不签合同。

后来经过俱乐部竞赛部做工作，大部分小球员明白了，在职业生涯中一步一个脚印地理性发展的重要性，好高骛远只能耽误了自己的前程。

俱乐部找到了这次签约事件背后的怂恿者，其实他还是一名很有特点和潜力的小球员，教练组和管理层都认为如果他能够脚踏实地地踢球，会有不错的职业发展前景。但是在与他及其经纪人交流过后，发现小球员深受经纪人的影响，过高地估计了自身价值，极度乐观地判断了中国职业足球市场的发展。最终俱乐部综合考虑了球员心理、态度、性格及对球队的影响等多方面因素，没选择与他签约。

工作随感

阻碍一个小球员成为优秀运动员的因素太多

潜力球员与成功球员看似差了一点，实则相隔千里，为什么会出现这样的遗憾，我想原因有这几点：

一是小环境的影响：球员在成长过程中，其性格及价值观导向，受到身边人的影响是不容忽视的，不管正面与负面都会直接影响球员今后的职业生涯。比如，球员父母能否保持平稳心态、经纪人是否专业及负责地引导、队友甚至教练的"耳边风"等。

二是大环境的影响：这几年赶上了中国足球政策向培养青少年球员倾斜，极大地刺激了青少年球员的转会市场及工资待遇，直接影响了青少年球员及其家长的心态，在还不完全具备竞争力的情况下，盲目追求超过自己能力的待遇。

我认为解决目前青少年球员的特殊情况，职业俱乐部应该做好几点：

一是抓好青训，搭建完整的青训体系，尽力培养出更多的潜力小球员，增强小球员间的竞争程度；

二是坚持青训的"三不脱离"原则，让球员及家长保持对社会的接触认知，使其具有正常的心态和价值观；

三是在青训阶段不仅俱乐部要重视训练和比赛的质量，还要多办丰富多彩的社会课堂，并引入心理干预，聘用心理医生健全球员心理，提升其心理素质。

三十六、与罗湖区共建梯队

收购东莞麻涌 U17 球队,对于佳兆业来说只是权宜之计,萃取出自己的青训理念,并建立起自己的青训体系和训练方法,才是青训工作的核心。

正是遵循这样的原则,青训部开始在全深圳寻找合作资源。职业俱乐部做青训,离不开教育和体育资源,因此青训部花了大量的时间去调研深圳的培训机构运作情况及学校足球训练的状况。最终基于罗湖区长期以来校园足球运动积累的经验和资源,成为俱乐部最终选定的战略合作目标。

经过俱乐部与罗湖区文体局和教育局的多轮协商,双方最终达成合作:罗湖区教育局、文体局直接成为深足俱乐部青训战略合作伙伴,深足俱乐部将全面进入罗湖区各中小学校园进行网点布局,获得优先选材和培养权;经深足与罗湖商议,指定翠园中学直接成为深足俱乐部青训基地,今后还要选定小学成为深足俱乐部青少年后备人才选拔基地;罗湖区优秀足球苗子将直接进入深足俱乐部各级梯队,获得稳定的职业发展通道。

这次青训战略合作，无意间开创了中国首例由职业足球俱乐部联合区级教育以及文体系统，集全区之力共同发展青少年足球的新模式，成为探索中国足球青训之路的新尝试。

此后，俱乐部陆续在双方合作落地的翠园中学，通过职业教练系统选拔，组成了 U13、U14、U15、U17 四支梯队，随后代表佳兆业参加了中国足协主办的全国青少年足球超级联赛。

工作随感

坚持职业足球青训从"校园"起步

到底怎么搞青训？这课题一直摆在俱乐部的案头，俱乐部里也只有副总老吴以前参与过职业青训工作，剩下的同事包括我在内，除了收购麻涌 U17 队伍的经验，剩下的可以说都是空白。

经过调研总结，中国目前职业俱乐部的青训模式，从训练体系来看大致为两种：一是与国际大牌俱乐部合作，引进他们的教练及训练体系；二是俱乐部自己搭建青训教练体系，自我完成训练大纲。从组织架构上看也是两种：一是组建足校，青训组织与俱乐部分离；二是俱乐部所属，青训在俱乐部组织架构之中。

佳兆业搞足球着实产生了一些影响力，前前后后不下十家欧洲五大联赛豪门俱乐部来拜访过我们，其主要想法就是找我们合作青训。

俱乐部经过综合比较和通盘考虑，认为深圳的职业青训还是要从"自己的实际情况出发"，形成深圳特色的青训理念：

一、坚持青少年足球的"三不脱离"原则：不脱离学校、不脱离家庭、不脱离社会；

二、我们要坚持培养自己的青训教练员队伍，只有形成自己的高水平梯队教练队伍，才可能培养出优秀的青少年球员；

三、经过实践与总结、学习与吸收，最终形成自己的青训教学大纲。

这是我对佳兆业青训最理想的设计，并希望能通过这些青训理念的落实，最终实现俱乐部扎根深圳且现实自我造血能力的可持续发展之路。

职业俱乐部走"与校园足球"结合的青训路线，最核心的是要兼顾好"政府职能部门""学校"与"俱乐部"这三方的利益关系，否则困难重重。

职业俱乐部需要学校和政府部门能为选拔上来的孩子提供"学籍"等文化教育条件。因为在全区或全市选拔小球员，对于职业俱乐部最难的一点就是要帮助孩子们完成"义务教育"，因此这点必须要有当地政府教育部门和学校的特殊政策，才能保障梯队教育的完成，否则就只能走俱乐部自己办足校这条路。

学校希望通过借助职业俱乐部的优秀教练资源、充沛的资金投入、科学先进的训练方法以及各种高水平的比赛，提升孩子们的训练水平，在全国层面的高水平比赛中取得好的成绩，使得学校在足球方面的办学特色更加鲜明，在教育竞争中独具特色。

政府职能部门也需要通过培养扶持有特色的学校，形成区域办学特色，并取得教育差异化竞争的区域优势。为此，罗湖区将翠园中学指定为佳兆业梯队的共建学校，合作共建的梯队也以"佳兆业翠园"名称报名，征战全国青少年超级联赛。

三十七、给梯队孩子们办出征仪式

按照中国足协的准入要求，2019 年中超俱乐部必须有 U13、U14、U15、U17、U19 五级梯队参加全国青少年足球超级联赛。俱乐部青训部是首次面对这么大规模的梯队参赛组织工作，俱乐部管理层更不敢掉以轻心，与青训部开了好几次专项讨论会布置参赛计划，避免出现丝毫差错。

我看过了青训部做的所有参赛准备方案后，提出了一个问题："这是佳兆业梯队的首次全体亮相，也是深圳近十年第一次成规模的职业梯队亮相，准没准备出征仪式？"

青训部的同事也知道，俱乐部一线队每赛季的出征仪式是个非常重要且引人关注的动作。"准备了。"青训部经理小王回答。

"我的意思是要按一线队出征仪式的标准搞！"我将任务下达给了他们，他们马上明白了"一线队"标准的含义，立马着手去办。

在梯队出征仪式当天，我提前到了翠园中学，拜见了韩校长。刚一见面他就说："看到了你们在会场内外的布置，和职业俱乐部合作，确实不一样。"

俱乐部按照一线队出征仪式做了现场的包装，将书面的活动流程安排发给了参加的各位领导，还邀请了体育记者和球迷，一下子让这个只是为孩子们举办的出征仪式变得严肃庄重起来。

我在出征仪式的发言中对这样的标准和安排做了简单的说明："我要求俱乐部和青训部要按照一线队的出征仪式标准来做，就是要让我们与学校共建梯队的小球员们知道，你们是职业的，你们将代表一家中超俱乐部和你们的家乡深圳，去参加全国各年龄段的最高水平联赛，这份荣誉的意义与目前征战中超的大球员完全一样。而且我相信，通过全国顶级青少年比赛的磨炼，最终你们也会成长为职业足球运动员，成为佳兆业一线队的一员！"

工作随感

在梯队孩子们的心中种下一颗职业的种子

职业俱乐部在一线队中为了让队员对俱乐部有归属感和荣誉感，都会花费很大的精力和财力去做各种各样的活动和工作。我认为，这份归属感和荣誉感，更应该从梯队的孩子们心中做起，这才能真正地让俱乐部有旺盛的生命力。

既然要让孩子们能有归属感，进而产生荣誉感，那就要将这个感觉化为一些行动去落实到细节。对这一系列的具体落实工作，我对青训部有着很高的要求，希望他们不仅要有想法，而且能规范下来一些做法，当然我自己也一直在花心思琢磨。

从这次出征仪式之后，俱乐部针对培养梯队孩子们的归属感，还制定了很多规定性的工作，比如，要求各级梯队的教练员带领全队来主场观看比赛，每年各级梯队和教练拍全队照，到年底组织梯队所有成员一起搞年会晚宴等等。所有这些工作的目的，就是要让孩子们能真真切切地感受到，他们就是这家俱乐部的一员，他们接受的是职业青训，他们将会成为深圳这个主场的主角！

三十八、朋友的儿子是梯队小球员

与罗湖区进行青训梯队战略合作后，俱乐部非常重视梯队球员的选拔，并要求青训部和教练组一定要秉承公平公开的原则，按能力潜力选拔试训小球员进入梯队。

每个月里，我总会抽出几天，到梯队共建的翠园中学，与梯队教练组开会，或是看看球员的训练和比赛。有一次就很巧，我在看比赛的时候碰到了一个朋友，他的儿子居然在我们梯队踢球。

那次是我坐在翠园中学球场看台上看中青超的比赛，一个球员家长看到我就走过来坐到我身边。我扭头一看，是我之前的一个朋友，随后我们就聊了起来。

原来他的儿子被选拔到了我们的梯队中，所以每逢比赛他都会来看。但他和我说话的时候，看起来有些沮丧，因为他告诉我，儿子虽然是公开选拔上的，但比赛老是坐板凳席，总是不能首发。他就问我："之前想和你微信上说，但总觉得这事太小，不好意思开口。现在没想到碰到你了，你看孩子还在替补席，能不能和主教练说说，照

120

顾下孩子。"

喜爱足球的家长都是这个心理，恨不得自己孩子就是球场上的球星，场上威风八面以满足自己的梦想。我笑了笑，看着他说："我估计起不到作用，不信赛后你跟我到场边，我向教练介绍你一下，你看看效果。"

赛后他跟着我到球队，教练组很敏感，应该是猜到了我这朋友的意图。几天后我问他，孩子首发了吗？他很无奈地回我，不仅还坐替补席，想请教练吃个饭都不来。

公平是足球的根本

在我看来，做足球的道理并不复杂，而其中最重要最根本的就是"公平"。不管是在足球训练比赛的业务领域，还是在足球俱乐部的管理经营领域，最终决定俱乐部和球队成败的就是"公平"。

不仅一线队球员上场比赛要公平，而且从青少年梯队比赛开始，就要让公平这个原则深入到孩子们的内心之中。这样孩子们才能正常地面对队内和队外的竞争，能够认识到通过自己刻苦努力是可以取得回报的。营造出球员的良性竞争环境，才能达到提升球队整体实力的目标，更重要的是能形成一种"积极向上""奋勇拼搏""团结一致"的俱乐部文化。

121

公平是俱乐部建设的根基，要想把这个根基打牢实了，就要从基层开始，从小事开始。青训工作内容繁琐，耗费的精力多，而产生效果慢，所以很多职业俱乐部管理层选择将精力投入到能立马见效的一线队。但青训是俱乐部建设的未来和基础，如果青训都约束不好，那地基不稳，俱乐部的风气也不会好。

三十九、梯队教练需要适应"校园青训模式"

在校园做起了青训，就会有很多意想不到非常琐碎的事发生。这就是青训的特点，尤其是与学校共建的梯队。

几个老教练刚接手翠园中学的梯队时，发现到了规定的训练时间，队里的孩子们总是到不齐，或是开始训练了，校园内的足球场地上，还有很多孩子甚至老师不退场而影响训练。

这几个教练为此恼火了很久，也向我抱怨过很多次，我也安慰他们："既然走了与学校共建这条路，那肯定与之前全封闭或体校模式不一样，面对的问题会多而复杂，需要我们教练能与学校的领导和老师们多沟通，能争取到更多的理解和帮助。"

很多老教练在训练业务上是经验丰富的，但缺乏沟通的耐心和能力。因此，我也批评了青训部，解决这些训练保障问题本就是他们的分内事，所以他们更应该去学校多了解多沟通。

但过了一些时候，这几个教练又来找我反映：球队有些孩子家离得远，训练结束完了到家很晚，家长想让俱乐部在学校附近提供住房或安排班车；队伍在一些位置有短板，我们与其他省的球队打友谊赛发现潜力不错的小孩，能不能买过来。

对于这些要求，说实话我是有些生气的，但也能理解这些教练的想法。大家都想找到最好的球员，快速提高球队实力，争取尽快取得成绩。而且，俱乐部在青训上已经做了不小的投入，要走"与学校共建"的模式，一是我们的青训理念就是不脱离学校和家庭，二是俱乐部是在办职业青训不是办社会。

但我还是很耐心地给他们讲了一个故事。我在凤凰卫视看了一个纪录片叫《在他乡》，说的是移民美国的中国人的故事。我印象最深的是讲一个在美国出生的华裔二代男孩的故事，他从小就参加花样滑冰训练，并在全美青少年花样滑冰的比赛中屡屡摘得金牌。当他上高中要面临是否选择走职业运动员的道路时，他和父母都犹豫了，要继续提高水平就要到其他州，去师从更高水平的教练，学业可能会被耽误。这个选择是痛苦的，虽几经反复，但孩子始终放不下滑冰。他的母亲最终尊重了孩子的选择，继续参加训练，母亲则选择辞掉工作陪他生活，并为他补课。

最后我和梯队教练说，佳兆业搞青训，第一不收孩子们的学费，还提供装备和训练补贴；第二至少五年内我不要大家出所谓的青少年成绩，我们只想要能踢球的孩子。所以对于我们教练来说，主要是提升自己的训练水平，把我们本土的孩子练好，我不相信深圳这么多人口的一座城市，我们自己的孩子不行，那我会认为是我们教得不行。我也希望我们的家长们能为孩子们的爱好投入精力和热情，只有家长们投入了，孩子才不那么容易放弃。

职业青训需要更新理念

职业青训涉及的利益相关方众多，要建立起合理的青训体系，我认为第一步应该是理顺、引导和培养利益相关方的思维和理念：

第一，职业俱乐部必须要走出计划经济体系培养青少年足球人才的"封闭式""专业队"的训练模式，建立起符合"市场化""社会化"的培养体系。中国已经经过了四十多年的市场经济化过程，足球也有了二十几年的职业化市场化的经历，职业足球的青少年足球人才生长的土壤已经与之前计划经济时代截然不同，因此必须走出社会化、市场化、开放式的培养模式。

第二，青训梯队教练的职业素养与培养模式也要提升。随着职业俱乐部"企业化"管理运营水平的提升，以及社会化、市场化、开放式的职业青训体系的逐步建立，对青训教练的能力要求将更加全面，比如沟通能力、管理能力和学习能力等，将成为青训教练除去训练业务以外必备的能力。

第三，青少年球员的家长是足球青训职业化中非常重要的参与者，必须要通过必要的讲解、引导和培训，使青少年球员的家长了解足球职业化教育的过程和条件，最终令球员家长能够合理客观科学地看待青训的培养模式。

第四，中国足协应充分调研各职业俱乐部的青训模式，尽快完善职业俱乐部青训的各项政策，引导职业俱乐部建立起成体系的社会化青训系统，并保障俱乐部的青训利益，走出目前青训体制转型期造成的"旧体系倒掉而新体系没有建立起来"的尴尬局面。

其实，我讲凤凰卫视这个纪录片的故事，就是为了告诉我们的教练，我们必须面对职业足球从旧有的全封闭或体校模式的转型，但新的职业足球青训模式的探索才刚刚开始。

我认为足球青训从业人员对此的思考也只是刚刚起步。

四十、用科技来提升青训

　　佳兆业的青训建设是从零开始，但好在青训部员工都是年轻人，虽然缺乏经验但却充满热情，非常希望能有所建树。

　　从深圳的青少年足球培训，到全国乃至日韩、欧洲的职业青训体系，青训部给我出了很多报告，让我对职业足球青训有了较深的了解。

　　在诸多分析报告中，我最感兴趣的一个内容是欧洲一些俱乐部青训的科技化训练方式。如何将训练量化和数据化，是我作为管理者最为关心的内容，我认为我们的青训必须要"从靠经验向靠数据"转变。

　　以至于，有一段时间国外的俱乐部来找我们谈青训合作的时候，我的问题主要就集中在，他们是如何运用新科技手段提升青少年训练质量。

　　德国一家豪门俱乐部青训的高科技设备引起了我们浓厚的兴趣，因此与这家俱乐部就青训合作有过很深入的商谈，但终因条件存在差距而放弃，但通过科技手段提升青训训练质量的想法一直没有消失。

直到有一次青训部经理小王和我说，他们在深圳也找到了一套相似的"快速处理球"训练系统时，我很迫切地让他找来了这套系统的研发公司"木头科技"。

木头科技的创始人邵景洋从小接受足球培训，大学毕业后虽然从事 IT 行业，但最终没能放下对足球的热爱，创办了这家以"科技足球"为切入点的足球科技公司。我们虽然初见，但因共同关注了相同的内容，所以聊得非常投机。

更重要的是，他们公司自主研发的这套旨在帮助球员提高快速处理球能力的系统，既可以在青少年球员的选拔体系中提供可量化的数据参考，也可以在日常的青少年足球训练中提供训练数据，这正是我们需要的。

其后俱乐部迅速与木头科技达成了合作，并将他们的设备在青训体系中做了很多的尝试，更坚定了让佳兆业的青训走科学化、科技化、数据化训练道路的决心。

工作随感

用新科技实现青训的"弯道超车"

随着各项新科技的发展，我们获得数据的准确度将大大提高，而获取成本将大大降低，这就为职业俱乐部的训练方法与管理方式，实现"从靠经验向靠数据"的转变提供了充分的条件。

对于像深圳佳兆业这样青训基础薄弱的俱乐部而言，将最新的科技手段引入职业青训领域，使佳兆业青训质量尽快超越青训实力雄厚的老牌俱乐部成为可能。而且，深圳这座城市的经济环境和创新观念，也为佳兆业青训的科技化之路提供了得天独厚的外部环境。

这方面，我曾经在给深圳市足协和深圳市文体局的汇报材料中提到过：深圳自诞生之日起，就具备"先行敢试"的完全市场化运作基因，这为职业足球的市场化创新型发展，奠定了良好的思想和行动基础；深圳是年轻的、创新的、科技的城市，职业足球的发展必须与城市特点相结合，突出点就在创新与科技，通过大数据和新技术的使用，提高足球训练水平，进而培育足球高新科技企业，带动足球产业发展。

当然，即使有了这个高新科技的工具，但最终工具还是为人所使用的，不同的人使用的效果会大相径庭。这就要求我们青训教练和管理者具备创新包容的理念，具有持续的学习能力和个人综合素质，达到对新科技和新理念的理解与应用能力。

我认为在青训领域利用好高新科技这个工具，对于佳兆业甚至是深圳来说，都是一次在中国职业青训领域实现"弯道超车"的机会。

四十一、给俱乐部上专业的信息化平台

　　信息化系统已经是所有企业管理领域离不开的办公信息及业务管理辅助平台。佳兆业接手了俱乐部后，很自然地就将集团的 OA 系统延伸到了俱乐部。经过一段时间的使用后，我发现足球俱乐部这个行业与地产企业在业务领域与运行管理上存在很大的差别。使用集团的 OA 系统，只能解决我们与集团的审批流及信息流的对接问题，但俱乐部内部大量的业务与管理工作，很难在这个信息平台上实现及时体现和反馈、应急响应和流程跟踪。

　　因此，我在俱乐部工作摸索近两年后，开始与各业务部门讨论俱乐部信息化系统建设的问题。在仔细分解了俱乐部的业务内容、工作分工及流程特点之后，大家普遍认为职业俱乐部的工作大致能分为：后勤保障类工作、票务球迷赞助商务类工作和各级球队的训练比赛类工作。

　　俱乐部工作内容的特点是繁杂琐碎而又要及时，因此我提出俱乐部的信息化平台，要做到三个原则：1. 公开化原则：所有办事请求要在系统公告板中体现；2. 透明化原则：工作发起流程要透明，要做到发起部门是明确的、内容是明确的、请求部门是明确的；3. 及时化原则：通过公开化及透明化，督促办事部门及时回应请求；4. 可追踪原则：即使俱乐部事项再琐碎繁杂，都要通过系统的提示功能，避免经常性地遗漏工作，也可确保管理层对事项的检查更为方便；5. 资料可存档可检索原则：对于俱乐部文件和各项合同可以做到安全存档及方便检索，对于各级球员资料可以及时得到更新和查阅；6. 训练比赛计划可视化：这套系统必须能针对各级球队的办公及信息流程设置，要做到管理层对各级球队比赛安排的公示化、各级球队训练内容及计划的可查阅。

最后，我们通过与木头科技的合作，由他们在俱乐部原则要求的基础上完成了信息化平台的开发，最终于2019年上线了俱乐部自己的信息化系统。当然这套系统只是刚刚启用，员工尤其是教练也在不断提出新的改进意见，但我认为这是职业俱乐部在管理领域的一次很大的进步。

工作随感

职业俱乐部的管理是怎么会落后的

我认为，现阶段职业足球俱乐部的管理是粗放的，很多俱乐部没有专业的信息化系统，这对于很多管理者来说是难以置信且不可理解的。但这确是事实，大多数俱乐部应该同我们一样，通用着集团的办公系统，但使用中的各种不便也许只有管理者自己清楚。

事实上，一套专业的俱乐部信息化平台不仅能提升管理效率，发现管理漏洞，更能起到精细运营、节约成本的作用。最有代表性的一个例子是，有家中超豪门俱乐部因为没有信息平台的管理，他们俱乐部仓库中装备的使用状况非常混乱，经常造成进出货的数量对不上，甚至因为遗忘而造成重复购买的浪费。

虽然有些职业俱乐部也认识到了俱乐部信息化系统建设或科技训练设备使用的重要性，但管理层也都不约而同地面对着同样的无奈，那就是：立项报到老板那里了，老板直接就回了一个问题"用这个东西能不能帮助打赢比赛"。所以更多管理类和技术类的软硬件，在投资人的急功近利之下，很多都是无疾而终了。

综上所述，我将职业俱乐部信息化管理落后的原因归结为以下四点：一是职业足球市场太小，IT 公司看不上这块蛋糕，不值得投入力量去做研发；二是职业足球俱乐部的运作模式较为特殊，不喜爱或不钻研足球业务的技术人员没办法做研发；三是职业俱乐部的从业人员本身管理水平的局限，并没有意识到管理系统的重要工具作用；四是投资人的不重视，即使俱乐部管理层认识到专有管理系统的重要性，但投资人认为这方面的投入太大，对出成绩没有必然作用。

四十二、教练更需要计划管理

青训系统，在俱乐部中是个非常庞大的组织。一个成型完善的职业俱乐部青训系统，至少要具备五级梯队（U13、U14、U15、U17 和 U19），如果做得更深点的话，还应该从 U8 年龄段开始，并且一个年龄段也不止一支队，所以光是教练的人数就是数十人。

这样一个庞大的青训系统组织，是俱乐部青训部提交的较为理想状态的方案。虽然佳兆业非常重视青训系统的建设工作，而且到目前为止的工作进展也算按计划进行，但也只做到了 U13 以上的五个年龄段，且每个年龄段只有一支队伍，不过教练人数已经二十多人了。面对青训越来越庞大的组织，对于训练质量和教练员的考核与管理将成为青训部负责人的难题。

首先，青训管理人员应该关注教练员的教学训练计划，才能对远期有所把握。青训是一项培养周期很长的工作，对于孩子的提升是个日积月累的过程，每天的训练比赛都在默默地改变着孩子们，因此教练员的科学合理的训练日程计划是成功的基础。

按理想状态，我希望能随时看到各级梯队球员的资料及球员阶段性的训练质量评价、各级梯队每周每月的训练内容及计划安排、各级梯队比赛计划及安排。

从长远来看，我想通过青训教练的这些资料的积累，能够起到三个目的：一是考察教练员的训练水平和学习能力，二是考核青训部的管理水平，三是做好训练课件的知识积累，发现问题总结经验，最终形成自己的青训大纲。

但很长一段时间以来，我并不能很及时方便地掌握这些很重要的信息。当然，首先就是没有专业的信息化平台，其次也在于青训部管理人员的管理意识和理念没有到位，没有对梯队教练提出要求。我通过不断地与青训部进行业务研讨，在工作人员的思想中树立了科学合理管理的思路，辅之以专业信息化系统的启用，逐渐提升青训组织的管理水平。

工作随感

教练本身就是个管理者

管不好自己就不可能管好别人。这确实很难做到，尤其是对很多教练员而言。

我说的管理好自己，更多的是指工作的计划管理能力。事实上，我发现很多青年教练缺乏制订长期工作计划的能力，更缺乏阶段性自我总结和考核的能力。

在我们的青少年培养阶段，一个主教练要带一支队伍，一支队伍最少有二十多个球员，主教练本身就是个管理者。他必须具备很强的流程管理能力和阶段性的对工作计划的反思和考核能力。而总经理作为俱乐部最高管理者，需要阶段性地看到这些教练的训练成果，那就必须要让教练员的工作计划做到文字的完整存档和便于查阅。

最终我们还是借助于专业信息化系统，让所有的教练都熟练应用并喜欢上这个系统，帮助他们管理好计划和流程。我相信这个管理工具本身也是个教练的学习软件，不仅可以帮助他们总结训练得失、提升训练质量、完善训练理念，而且能提升他们自身的管理能力。

四十三、冲超成功后市长接见并奖励俱乐部

2018 年 11 月 3 日，2018 赛季中甲联赛最后一场比赛，深圳佳兆业主场赢下了浙江毅腾，而赛前积分榜上比深圳队多一分的浙江绿城输掉了最后一场比赛，深圳佳兆业冲超成功！

一个月过后，我们接到了市文体局的通知，市政府的领导要接见全队并为球队征战中超联赛"壮行"。12 月 14 日，深圳市市长陈如桂在深圳市民中心，接见了深圳佳兆业足球队一线队全体球员和教练，并为深足出征中超授旗。同时，深圳市政府奖励深圳市足球俱乐部 2000 万元，作为冲超的特别贡献奖金。

当晚，集团出面举办了佳兆业的冲超庆典，大宴四方宾客。我除了上台发言外，就只剩下痛饮，与领导喝、与麦总喝、与卡罗喝、与球员喝、与球迷喝，把所有这三年的"万言难尽"，都喝在了这酒里。

努力了三年，才达到了郭主席对我的要求，只让我感觉"足球的快乐是短暂的，而痛苦是长久的"！

冲超成功的马拉松"逻辑"

冲超之后，我接受了很多媒体采访，也参加了很多庆祝活动，基本都会问一个问题：是什么导致了佳兆业的冲超成功？

回想三年的冲超历程，做足球对于我而言就是马拉松，我的爆发力没其他人好，没能创造出一年就冲超的奇迹，所以只能靠耐力。马拉松是漫长、枯燥而又难耐的，所有跑过长跑的人都知道有个艰难的"临界点"，那种生不如死的感觉会让很多人跑着想放弃，但坚持下来后将会倍感轻松。

我在冲超这场马拉松中也曾在"临界点"时想要放弃过，具体说应该是在 2017 赛季结束之后，这是我领导俱乐部冲超的第二年，这次失败让我真的伤透了心。

但是当我在集团 2017 年年会的酒后听到了很多的"下课"声后，却刺激了我的斗志，我不能放弃，不能作为一个失败者灰溜溜地走掉，因此我在酒后下了"赌注"，除了向前继续奔跑，不给自己退路。

当然，我还要庆幸的是，郭主席的信任与耐心。据我所知，在三年来多少次风传要换掉我这个总经理的时候，虽然郭主席总是对我说要"再败砍头"，但他还是选择让我"戴罪立功"，这给了我足够的时间去熟悉和改变俱乐部，让我有足够的时间从一个职业足球的"门外汉"修炼到"懂业务"，有了足够的时间重塑球队和俱乐部。我也知道，深圳市政府的领导们在很多重要时刻给予了我支持，产生了很大的推动作用。

内外的压力，也让我不停地反思与总结自己，尤其是在俱乐部的管理上。回首细想，初涉职业足球，我在管理和业务上犯的错误不少，但一直都在反思中总结和改进。我们在认真学习职业足球运行规律，并在此基础上引进先进的企业管理机制，优化了之前粗放式的管理模式。经过不停地管理实践，我们最终将佳兆业的现代管理制度与职业足球俱乐部的运营机制相结合，从职业足球的实际出发，研究并理顺职业俱乐部与各利益相关方的关系，制定出俱乐部的各项管理制度规范和流程。我认为，管理理念与制度上的进步是佳兆业对深圳俱乐部最大的贡献，远远超出了金钱的价值。

职业足球的核心工作是围绕人开展的，其中最重要和最首要的工作应该围绕的是球员和教练，提升好球队的整体实力，用制度和目标将球队整合在一起；但也不能忽略工作人员，无论是球队还是办公室的工作人员，他们将长时间地执行和传承俱乐部管理体系和风格，打造一支懂足球业务且训练有素的团队，可以长期保持俱乐部的运营质量、管理水平和文化导向。

职业俱乐部就是一架运转精密的机器，要保证这个机器的每个零件都在最佳状态，才能发挥出最大功率并取得预想的成绩。

四十四、U19 梯队找不到主场

　　俱乐部 U19 梯队是在 2018 年开始参加中青超联赛的，当时为了选定比赛的主场，俱乐部运营保障部的负责人把基地周边的场地跑了个遍，最后他告诉我，还是大学城的主场条件最好，离基地也近，最方便。

　　因为基地内场地有限，很多时候 U19 梯队的训练需要到外边的场地进行。又因为基地紧靠大学城，那里有几块带看台的天然草场地，所以很长一段时间以来，俱乐部都是租大学城里的场地训练。

　　这次要开始打中青超的比赛了，俱乐部考察后还是认为大学城的场地最适合当主场，有看台还有灯光，这个条件在中青超比赛的主场里应该都数一数二了。

　　果然中青超的比赛开始后，这个球场频频获得外界的赞誉。而且因为我们球场的条件好，所以很多网络视频平台喜欢更多地安排直播我们的比赛。

　　不过到了 2019 年俱乐部升入中超之后，运营保障部的经理小郭却告诉我，大学城不再租给我们了。我问他是什么原因，如果是场租不够我们可以加，如果是专业队比赛对场地损害大我们可以派专业人员协助养护。但他告诉我，不论什么条件，人家就是不租了。

这个事情让我始终找不到原因，最终 U19 梯队只能在很远的地方找场地继续比赛。

俱乐部融入社区怎么这么难

对于 U19 梯队找不到训练和比赛场地的原因，我百思不得其解。看上大学城这个场地，主要是因为它离基地近，开车到达也就五分钟时间，而且是个封闭足球场，草场情况虽然差强人意，但是总体上来说还是强于很多私人经营的场地。

我们租到这个场地给 U19 梯队训练后，曾有一段时间俱乐部保障部门的经理反映，草地不平整，教练有意见。我们还专门安排了俱乐部的场地工，带着设备去帮忙平整场地。还有下雨天，场地也是不允许球队训练的，原因是这样对场地的破坏太严重，维护场地的费用要远远超过场租。

对于大学城场地管理方的要求，我能理解，维护一片天然草要花费很大的人力和财力，所以我曾有过一个想法，能不能和场地方谈谈，我们出人力和费用，把这片场地长期养护起来。但是让我没想到

140

的是，对方连租都不租给我们了，条件免谈。

几个参与收购和经营过国外职业俱乐部的朋友听到这个情况，也表示非常惊讶，因为国外的很多场地，尤其是大学的场地是非常欢迎职业俱乐部去训练和比赛的。职业俱乐部在大学中的训练和比赛，在当地人看来，是给学校和城市增添了文化符号，是俱乐部融入社区和学校的一种非常受欢迎的行为。

但在中国，俱乐部不求免费使用，仅为付费租用，都求之不得。对比之下，我们还远远谈不上什么足球文化，足球对于国人或是社区来说，可能很多时候只是"叶公好龙"的喜好，当真的有"龙"来时，却都避之不及。

四十五、来不了的外援

　　为备战 2019 赛季的中超比赛，主教练卡罗和我很早就开始了引援的准备工作。几经商谈，我们先明确了引援的位置，而后确定了一份引援名单。卡罗在引进外援的位置上给出了要求，需要在前锋、后腰和中后卫这三个位置上加强，每个位置上又划定出了几个人选。

　　最让我花精力的就是外援前锋的引进。卡罗最想要的前锋是名巴西球员，通过全方位的技术分析认为他的个人能力突出，风格也很适合卡罗的战术要求。起初的进展看似都很顺利，双方俱乐部经过谈判很快就对转会费等条件达成了一致。球员个人待遇比我预期要高，但也在能接受范围内，不过后来这名外援的经纪人给了一份书面的要求函后，让谈判变得火药味十足了。

　　按照对方球员开出的条件，不仅在个人收入上又有了提高，而且个人福利方面的要求更为夸张：俱乐部必须为球员提供一套含有 5 间房以上的大 house（因为球员的家庭成员很多，到时都会来中国陪他），还要为球员配专车并配备专职司机及专职翻译。

收到这份要求函后，在一个很寒冷的雨夜，我与竞赛部经理小赵在我办公室与对方经纪人开了电话会。在电话中我向对方经纪人发了脾气，大致的意思就是：我们已经为球员提供了非常有竞争力的工资奖金，是他目前收入的几倍，甚至是他职业生涯都赚不到的钱，俱乐部提供的薪水完全可以满足他的个人生活要求，况且我们目前从欧洲引进的国脚也都没有提出这么过分的要求。我最后说："俱乐部一定会为球员提供合理的生活帮助，但从你们提出来的要求看，我不知道他是想来踢球，还是想来享受生活，我们对他的职业态度充满怀疑。"

　　这次谈判的争吵是在所难免的，虽然对方有了妥协，但连续几天下来总是找各种借口，拖着不在合同上签字。甚至卡罗与球员通了话后，这笔转会仍然没有明确的迹象，处于极大的不确定性中。在这种情况下，转会窗口马上就要关闭了，我们不能再等了，最后只能签下了另外一个前锋。但"临关窗"前签的这个前锋，在比赛中没有表现出应有的水准，最终也成为让舆论不满的一个话题，或多或少决定了我在佳兆业职业生涯的终结。

　　后来一个在巴西的中国经纪人与我说："巴西人天性散漫，如果球员不想来，这个转会就很难说了。"

工作随感

谁都不能改变管理

职业俱乐部和球队的核心是什么？不是球员，不是教练，也不是总经理，而是制度，是管理，是原则！

中国职业联赛比拼的就是外援水平，尤其是中超联赛对外援的依赖程度更高。足球圈内曾有个段子说："中国球员越来越不会踢球了，因为一拿到球，教练就喊赶快交给外援处理，交给外援打门。一旦到了国家队抬头一看没外援了，不知道该传给谁，也不会射门了。"最终造成的结果是："没了外援，中乙到中超各支队的差距没多大。"

这个说法可能夸张了点，但却是个事实。正是因为我们对外援的依赖程度越来越高，花大价钱请大牌外援的俱乐部也越来越多，为了让大牌外援来中国踢球，不仅给高工资，还得不断满足各种生活要求，最终不仅我们球队原有的福利标准被个别外援打破，甚至连俱乐部的管理底线都会因为是花了大价钱的外援，而被大牌外援牵着鼻子走。

我认为职业俱乐部在对外援的制度标准上不能有特例，否则总经理和主教练，谁都可能管不住外援，俱乐部一到关键时候就会被迫妥协，甚至会出现关键比赛外援闹情绪不上场，最终给俱乐部造成更大的损失。

当然在外援引进上也要有技巧。反思自己，在引进巴西外援这桩交易上犯了"吊死在一棵树上"的错误。我以为与对方俱乐部谈妥了转会条件，球员转会就肯定是板上钉钉的。但我忽视了，外援身后有多个中方和外方经纪人在不断与其接触，这就让转会存在了很强的不确定性因素。

在球员转会交易中，只要球员还没有完全转会到俱乐部，就应该保持与多个潜在目标球员的谈判，形成必要的竞争态势，以确保转会窗口关闭前有自己的目标球员进队。

四十六、处罚队长

经过三个赛季的奋力拼搏，2019赛季我们终于站在了中超的战场上。顶级联赛的舞台让集团和俱乐部所有人都感到兴奋，但也更加残酷和激烈。

2019中超联赛的开幕式就是在深圳的主场举办的，我们在这个激动人心的夜晚取得了美丽的开局——3:1，拿下了河北华夏幸福。当晚，就连郭主席都破天荒地电话表扬了我："小刚，从今天起你就不用做孙子了！"

然而联赛是漫长的，对于我们这样的中超新军，巨大的考验都在后面。联赛第三轮客战重庆斯威，两队的实力接近，比赛进行得非常艰苦，而且我们先丢一球，比赛始终处于追赶的过程中。

但下半场重庆球员犯规被罚下一人，我们在多一人的情况下全队压上，制造了很多机会，甚至看到了至少能扳回一球取得平局的可能。然而，场上队长葛振被对方球员侵犯，一时愤怒之下导致他下意识地有一个蹬踏对方的动作，随即被主裁出示红牌罚下了场。两队此时回到平衡，最终我们输掉了这场比赛。

作为队长不应该做出这样不冷静的行为，他回到深圳后也表示了悔恨，但造成的结果却无法挽回。最终，在中国足协下达处罚通知之前，俱乐部给予他罚款一个月工资、责令检讨并下放预备队的处罚决定。

工作随感

从严治军，要从"队长"开始

我在俱乐部工作的这些年，处罚了不少球员，内外援都有，处罚力度也有更大的，但作为队长被处罚较有代表性，因此单独拿出来讲讲。

队长，对于一支球队来说具有不能忽略的作用，不仅是比赛场上的精神领袖，也是球员们生活中的大哥。行内俗话说，看一看这支球队的队长，就大致能看到这支球队的凝聚力和战斗力。所以会有"一个好队长能起到球队半个教练的作用"的说法。

在管理球队时，俱乐部应该重视队长的表率作用，更应该重视如何培养一个好队长。如果说球队管理是俱乐部管理工作的核心，是外界窥视俱乐部管理工作的窗口，那么对队长的要求和管理就具有核心的示范效应。

正所谓"擒贼先擒王"，从严治军，就要紧抓核心。

四十七、因"谢场"批评全队

　　即使在连续两个赛季冲超失利的情况下，我都没有到球队去批评过队员，但是中超联赛 2019 赛季客场输给重庆斯威后，我专门到队里进行了一次全体批评。

　　这次全队批评的起因是，与重庆斯威经过激烈焦灼的比赛后，我们最终没能把握住机会，以一球输给重庆斯威。比赛结束后，球队场上队员还像以往那样走向客队深圳球迷区谢场。可能输球导致大家心情不佳，虽然向"远征球迷"招手感谢了，但却未跨过球场广告牌，没有更靠近球迷看台区，这显得很有点敷衍了事。

　　我在现场看到了这个情况，心里感觉就很不舒服，因此我让主教练翻译转达给卡罗，回到基地开赛后总结会的时候，给我留出五分钟时间，我有话要和全队讲。

　　当我出现在球队的时候，大家都以为我是因为输球了，所以来批评大家的，谁也没有想到我是为"谢场"这事来的。是的，所有人并没有在意这件小事，包括主教练。

147

但我认为这是球队作风和管理上一个不好的苗头，所以我开门见山地讲了我的看法："这么多年来，由于我要求俱乐部制定了球迷管理制度，再加上球队的成绩长时间不理想，球迷一直对我评价不高，意见很大，关系也不算融洽。但事要分开看，有一说一，对的就是对的，错的就是错的。在重庆客场谢场这件事上，全队都没按照队规要求的谢场标准去做，对球迷十分地不尊重，没有体现出我们球队的精神和文化，尤其是场上队长和外援都没起到带头作用。希望以后不管是输球还是赢球，不管是主场还是客场，不能再出现这个现象，否则处罚队长。"

　　卡罗听完了我的批评之后，也认识到了这个问题的重要性，主动和我说，他先回到了更衣室，没注意到这个现象，这确实是个值得注意的问题，他也将加强对全队的要求。

坚持原则，对错分明

　　在管理工作中，我认为最难的是坚持原则。很多时候，某些压力会让管理者选择妥协或改变规则，而获得暂时的或表面的和谐局面。

　　按照现代企业制度来管理俱乐部，是我作为职业经理人的基本素质和责任。规范管理就是要建立制度，但比建立书面的制度更难的是保持制度执行的公平、公开和透明。

目前来看，俱乐部的制度在球迷群体中引起的反响不佳，对我的风评也不好，但我认为制度是合理的，也是职业俱乐部应该明确的。

　　在球队"谢场"这件事上，我认为错误在俱乐部，球队没有按制度规定去执行，就应该引起注意和纠正。

　　这种俱乐部规则意识的建立，短期内来看会遇到很多障碍，可一旦深入到俱乐部各利益相关方的心里，将会极大地提高俱乐部的工作效率。

四十八、赛后怒砸更衣室

　　比赛后我一般会去下球队的更衣室，赢了就和球员教练们一起庆祝，输了则会安抚激励下大家。但只有一次，我在更衣室里不仅发了大火，还砸了桌椅，那是刚上中超的2019赛季主场迎战大连一方的赛后。

　　这是一场充满"话题"的比赛。所有人都知道我们主教练卡罗在2017赛季作为大连一方的主教练带队冲超成功，然而大连俱乐部却因各种原因没有选择与他续约，这样的事情换谁都会心有不爽，所以赛前舆论都认为这是一场主教练的"复仇之战"，深圳势在必得。

　　我当然希望主教练对胜利充满渴望，更希望他的情绪可以感染到全队，让整个球队充满战斗激情。比赛就在这样的气氛中，戏剧性地开始了。开赛后不久我们打入一球，中场结束前大连队因犯规，中后卫被红牌罚下，这真是大好的局面啊！内心中我已经认定这场球会赢下。但下半场我们没有利用好多打一人的优势以扩大比分，反而是大连取得进球而扳平比分，终场前大连又打入了绝杀球。笑到最后的是大连。

　　这样的比赛过程和结果是我无法接受的，因此赛后我已经无法控制住自己的愤怒情绪，一个人冲到更衣室中拿起一把椅子一阵乱砸。当时教练组和几个球员回到了更衣室里，显然他们对我的疯狂举动有些震惊，毕竟是第一次看到我发这样大的火。队务死死地抱住了我，把我拖回到教练的房间，全体教练都低着头，没一个人说话。

　　我也渐渐冷静了下来，摔门而出，去找酒喝。

要说球队能听的"语言"，做球队能看得懂的"动作"

　　这次我去更衣室的举动，我个人不觉得是鲁莽或草率。我倒是觉得，自己做足球这么长时间以来，有点显得太"稳重"或者说是"软"了（也有一些人这么评价我）。

　　做哪一行就有哪一行的语言，这是由每个行业工作特点和从业人员素质所决定的，因此用其他行业的方式来完全套用，最终得到的结果会让人大失所望。

　　来到俱乐部之初，我还是沿用了传统企业"慢条斯理"的学院派动作，希望通过各种制度宣讲和价值观的灌输，能够"润物细无声"地让球队有归属感和凝聚力。只记得有次与球队开会的间隙休息去厕所时，我听到一个球员在问另一个球员"你睡着了吗"，突然发现我们正在用另一种语言与球队交流，"他们听不懂，也不想听懂"！因此从 2016 和 2017 两个中甲赛季的效果来看，我们的工作起到一些作用但不明显。

足球是个有激情的运动，这个运动的管理者也需要激情和个性，在关键时刻，应该是该说的就说，该做的就做，而且要用球队能听得懂、能接收得到的语言和他们讲话，不是"拉家常"，也不应该是"讲大道理"。这不仅能快速地让球队一目了然地明白"对错"，而且也会直截了当地感染整个球队的情绪，点燃球队的激情。

后来我经常从自己的身上找原因，是什么阻碍了自己"个性"与"激情"的发挥？我觉得，有性格的因素，也有经验的原因，在无法了解和没有完全把握的工作面前，更多的是顾虑和担忧。

2018 赛季开始后，我就在努力地不断改进自己。

四十九、谁决定的引援

2019 赛季球队首次站上中超的赛场，激动和兴奋在所难免，虽然在转会期内外援得到了补充，但对于佳兆业来说是头一回打中超，对我个人来说，也是"心里是没底的"。

好在运气还不错，前几轮下来在主场打赢了几场比赛，积分榜前列的排序都变成了一线城市"广州恒大、上海上港、北京国安和深圳佳兆业"。就连中国足协的领导在见面后都开玩笑地对我说："北上广深啊，四个一线城市的俱乐部终于凑齐了。"

当时从集团到外界，对于深圳佳兆业队在中超开局的这几场表现都给予了很高的评价，俱乐部和集团内外也都洋溢着较为乐观的气氛，就连郭主席对我的要求都提高了："你的目标是打亚冠！"

我自己心里其实很忐忑，经过这么几年在职业足球赛场上的跌宕起伏，已经让我对未来总是充满担忧和焦虑，越是在外界"一片叫好"的时候，我就越担心。我认为，这支球队的实力刚刚得到增强，初登中超很多球队对我们不了解，加上队员们也憋着一股劲想证明自己，因此拿下了开赛后的几场比赛，但这只是诸多偶然因素的叠加反应。我对俱乐部的定位一直是"力拼保级"，面对外界的赞誉我也仅仅微笑回应"运气不错"。

五轮过后，球队开始进入到了困难期，球队战术、球员特点和首发安排都被对手熟悉，随后的五轮不胜又让大家陷入到了"悲观"的情绪中。

郭主席看在眼里急在心里，从那时开始他担心保级了。为了扭转颓势，他开始频繁叫我到香港开会，有时是几个人，有时就只有他一个人听取我的意见和对策。

但是球队的态势依然没有转变，而主教练和球员们也出现了些急躁情绪。基于这个情况，我与郭主席交流后，集团决定安排球队全体人员和俱乐部主要管理层前往香港与主席及麦总一起开个鼓劲的会。

那是 2019 年 6 月初，俱乐部的定制西装也刚好到货。我认为在这个困难的时候更要展现出我们良好的精神面貌，所以一线队全体成员和管理层都穿着统一定制的西装来到香港。

这是个谈问题表决心的大会，球员教练逐个发言表态；这是个鼓劲的大会，郭主席最后做了激动人心的讲话，鼓励球员和教练要团结更要拼搏，打好后边的比赛，完成今年的任务。

会后按计划郭主席要宴请俱乐部所有与会人员。在晚宴开始之前，我和麦总陪同郭主席又听取了卡罗的专项汇报。谁也没想到的是，这个汇报却改变了郭主席对我的信任和支持，也改变了我始终在俱乐部的坚持。这个汇报的内容主要说了两个方面：第一，主教练认为目前球队的困难局面，主要原因是球队整体竞争力不够，引进的内外援没有达到预想的状态；第二，主教练希望在马上到来的转会期继续引进强援，增强球队实力，并提供了引援名单。

郭主席很愤怒，认为我在赛季初是自作主张引援。我也很气愤，我认为俱乐部的引援工作始终都秉承的是主教练负责制，今年引进的球员也不例外都由主教练最终圈定，都在引援名单中。事实上，每家俱乐部在引援的工作中都会面临同样的问题：受俱乐部预算、球员意愿、球员待遇及其经纪人等各种因素的影响，谁也无法保证能把引援名单中每个位置上排序第一位的球员引来，因此主教练会在同一个引援位置上提供三四名球员供俱乐部选择，俱乐部最终会根据实际情况引进球员。

当然，随后俱乐部发生的变化就众所周知了，我从俱乐部"下课了"，也离开了佳兆业。

我就想静一静，好好休息休息。

工作随感

引援问题反映的是管理模式

我和卡罗一起并肩作战搭档冲超，可以说是同一个战壕里产生的友谊，因此相互之间是尊重和信赖的。只是卡罗作为一个外国人，在思维和表达方式上，仍然与中国的情况存在很大的差异，所以到我要离开时他深感惊愕，说了一句"其实更应该走的是我"。

其实，引援这件事情只是个"导火索"，却反映出了整个俱乐部的管理模式还不清晰。大多数职业俱乐部在"总经理与主教练"的管理关系上，随时处于左右摇摆的状态。不管是总经理还是主教练，都是职业俱乐部这架机器上最重要的齿轮，而搭起这架机器的是投资人，是老板。这架机器到底是怎样的运转模式，主要就是看投资人如何定位"总经理和主教练"的管理关系和管理范畴。

PART ②

工作思考

一、巨亏的中国职业足球俱乐部为什么还有人"砸钱"？

数据显示，投资中国职业足球俱乐部绝对是一笔"赔钱买卖"！

中国足协公布的中超联赛财务数据显示，2016赛季中超16支俱乐部亏损金额达到了39.92亿元，平均每家俱乐部亏损近2.5亿元；2017赛季中超联赛的整体亏损数字进一步扩大，中超16家俱乐部亏损总额约48.3亿元，平均每家俱乐部的亏损约2.76亿元。

另一个具有代表性的数据则来自中超霸主广州恒大淘宝俱乐部披露的年报数据：2016年、2017年、2018年，广州恒大分别亏损8.12亿元、12.39亿元、18.04亿元，三年亏损金额高达38.55亿元，而2019年上半年就又亏损了7.12亿元。

中超联赛各俱乐部整体处于"巨亏"状态已是不争事实，只是除恒大外都不披露自己的财务数据，但2019年升至中超的深圳佳兆业，当年的亏损也要近十亿元。

一面是连年巨额亏损看不到头的中国职业俱乐部，一面却是对中国职业足球抱有疯狂投资热情的投资人。商人天性逐利，不赚钱的生意哪能叫投资，只能归为公益事业，那职业足球岂不是应该划归到公益慈善行业！

中国职业足球正成为一个让人百思不得其解的投资悖论。作为已经真金白银花了数十亿的足球职业经理人，在我的职业生涯中始终在试图理解这个"投资"迷局！

市场机制对中国职业足球"不管用"

按理说，职业足球本质上就应该是市场化足球，是商业化足球，就是通过市场调节机制起到确定价格和配置资源的作用。

职业足球的目的就是要让球员资源在职业联赛的市场上充分流动起来，由市场的供需关系来给球员合理定价，满足买卖双方的合理需求，进而提高自己球队比赛的竞技水平和观赏性。

从这个角度讲，市场足球必然要花钱，至于花了多少钱，只要投资人愿意，投资人想明白了，我觉得这"钱"花得都没有错。在签订了正规合同并依法纳税的前提下，这名球员明码标价的转会费和工资有买家愿意承担，那就是个合理的市场行为。

这十年间中国职业足球市场上，确实出现了几个财大气粗砸得起钱的俱乐部老板，不断抬高球员转会费和工资的市场价格，造成球员的价格和工资虚高。如果联赛中都在不理性出价，那这种价格长期严重偏离价值的现象，会对足球市场造成什么结果呢？最终最倒霉的又会是谁呢?

不理性的足球投资最终会造成整个行业的泡沫化。一般来说,一个行业的泡沫化程度太高,终会产生破灭,到时这个行业会重新洗牌,大量破产企业会被踢出市场,产品价格将得到一次自然的市场修复。

那职业足球投资泡沫一旦破灭,砸了大价钱的俱乐部灰飞烟灭,最倒霉的应该是"投资人"。我接触了不少投资职业足球的老板们,不论最终所拥有的俱乐部是"割肉转手"还是"破产解散",老板们的结局都可以说很悲惨,轻者散尽亿万家财;重者变为"亿万负豪",各种官司缠身。

职业足球不是"击鼓传花"式的投资游戏

有人说,中国的职业足球投资玩的是"击鼓传花"式的投资游戏,但事实上几乎没有哪个投资人能通过将俱乐部转卖给下一家收回成本,更别说能赚钱。说白了,"炒足球俱乐部"肯定不像"炒楼"那么简单,总能找到愿意给出更高价格的接盘者,所以只要"谁炒职业俱乐部"就保准会砸在自己手里,所谓足球是"击鼓传花"式投资的说法并不成立。

但这些久经商场的精明商人一踏入足球圈怎么会突然糊涂了起来呢?如果在没有巨大利益诱惑的情况下,实在想不通一个投资人会傻到不停抬高市场价格,最后把商品即"球员和俱乐部"都砸在自己手上！

然而，奇怪的是，中国职业足球领域还真就有这样的现象存在。2010年到2019年间，可以说是中国职业足球金元时代的"大牛市"。从恒大开始，此后十年间，基本上是每一年就冒出一家有实力的大企业进入职业足球领域，比如广州富力、上海绿地、华夏幸福、上海上港、天津权健及深圳佳兆业等等，投资额度也是飚着劲地向上翻，球员转会费及工资待遇不断攀升，而与巨额投资相伴而生的则是各家俱乐部的巨额亏损。

明知道球员价格虚高且投资职业俱乐部"稳赔不赚"的情况下，这些精明的老板们仍在前赴后继、义无反顾地去投资职业足球，显然并不是在按市场机制考虑投资回报。

资本可是这个世界上最聪明的，投资人的钱也不是刮风能刮来的，这些投资人在足球俱乐部投入的又都是真金白银，显然所有的投资人在投资职业足球上是有心理准备的。

这就摆明了一个道理：现在疯狂投资职业足球的投资人，就没指望投资职业足球能赚钱，更不会想着把职业足球当生意做，那不当生意做的结果就是市场经济下的价格机制对职业足球"不管用"。

那精明的商人去投资"赔钱买卖"的背后又有一个什么样的投资逻辑呢？

足球会让老板们丢掉"智商"

砸大钱，即使能把俱乐部成绩搞上去，那也注定是一项巨亏的投资，这又到底能给投资人带来什么呢？

按照《足球经济学》一书中的说法则是，再冷酷精明的商人，只要进入职业足球俱乐部，职业足球圈内狂热、虚荣、抽风的气氛就会毒害了老板们的小脑袋瓜，并对老板们的智商造成不可逆的伤害。老板们从足球中获得荣耀的光环、权力感、心理满足、政治资本……这些虚幻的回报，但唯一没有获得的就是钱。

这本书对于俱乐部老板们的投资心态的分析，应该说是放之四海而皆准的，俱乐部老板们很大程度上能取得的投资回报就是一种"感觉"，而不是金钱回报——但在欧洲俱乐部中至少还有一部分是能赚钱的。而在搞上了中国足球的大老板们身上，除了这些世界通行的投资感觉即"狂躁、攀比和虚荣"等不良影响之外，却没一个能赚钱，所以中国职业俱乐部的情况比欧美来说还更特殊。

中国俱乐部预算是怎么制定出来的？

现代企业都高度重视预算制定工作，将其视为企业战略管理的核心地位，是最有效的企业管理方法。因此，科学合理的预算制定是以企业的生存与发展为制定原则，即根据收入和财力的可能安排预算，做到量力而行，收支平衡，而且预算的执行也具有很强的严肃性，一经确定通常在执行期间是不能调整的。

一般人很难想象，预算制定这么重要且严肃的企业核心工作，在大多数财大气粗的中国足球俱乐部中却近乎拍脑袋决定的。俱乐部预算的制定基本是以成绩为导向原则的，要不怎么会有这么多钱泛滥在中国足球市场上呢！

职业俱乐部的预算制定基本会出现以下三种情况：

第一种是对标冠军法则。老板问：恒大去年是冠军，花了多少钱？总经理回答：亏了 20 个亿。老板说：那今年就按超过 20 亿来花，拿个整体预算出来。更豪气的老板会说：预算上不封顶，就要拿冠军！

第二种是联赛平均法则。老板问：去年中超保级花了多少钱？总经理回答：建业保住级据说至少花了 10 个亿。老板说：那就 10 亿预算，你要是保不住级，你就是个废物！

第三种是量入为出法则。按这种预算制定原则执行的几乎都是中超财力有限的保级俱乐部或中甲中乙俱乐部，因为俱乐部老板的资金就这么多，老板会直接告诉总经理：今年就 3 个亿预算，你得保级！

而且中国职业联赛的预算执行也存在较强的随时调整性，一旦遇到联赛上半赛程的困难，很有可能在夏季窗口会追加预算。

这几年我看到了很多跟风的俱乐部老板，一上来就急不可耐地想和"恒大"掰掰手腕，许老板投了多少我们也不能少，球还没打气势先不能输。最终那些在预算制定上脱离了母公司财务现状的俱乐部，差不多快烟消云散了，主营业务也因俱乐部的巨额亏损而身陷困境。

中国足球特有的"投资幻觉"

《足球经济学》这本书是以欧洲职业足球联赛，尤其是以英超联赛为主要研究样本的，这些都是高度市场化且极度成熟化的职业联赛，投资逻辑关系相对较为简单。但中国职业足球联赛的生长土壤与欧洲政治经济体制背景截然不同，且处于职业足球市场化的初级阶段，这就注定了中国职业足球俱乐部的老板们要比欧洲的老板们多了很多的"投资幻觉"。

中国的老板们搞职业足球，总以为通过俱乐部会给企业带来很多足球以外的利益或资源。比如，将足球作为一个工具，通过足球换取政府的优惠政策或资源。

不能否认，十几年前地方政府确实存在通过"足球形象工程""足球城市名片"推广城市形象，乃至创造领导政绩，因此可以为足球投资人的主营生意开些"绿灯"。

但中国政治经济环境在这十几年间已经发生了巨大的变化。中国市场的经济体系与法制体制逐步健全完善，地方政府减少了"资源补贴"或"直接行政干预"职业足球的做法，目前更多的是采用"政府引导、支持、扶持产业发展的方式"，制定了明文规定的鼓励奖励政策或产业扶持基金，做到了对职业俱乐部的扶持有规可依、有法可依。

而且必须注意到的是，目前政府对职业俱乐部的扶持，都是围绕着足球产业本身在做工作，基本不能直接帮到投资人的主营业务。

事实上，从这十年来职业足球的投资现实来看，没有职业俱乐部能直接从地方政府手中得到足球产业之外的帮助，即便是拿了几连冠的恒大集团也没能从地方政府手中获取什么直接的利益（建体育场的地属于足球相关产业）。

显然，投资人思路必须要跟上社会环境的变化，如果没能转变职业足球的投资思路，依然抱有先前的"足球投资幻觉"，那只能让职业足球这笔亏损的投资砸在自己手里。

所以，还是要劝老板们在搞职业足球这项投资上，一定不要抱有幻想，千万要冷静。

从 2020 年中国职业足球三级联赛有多达十几家俱乐部解散的残酷现实来看，很多投资人希望通过足球"傍上"地方政府的思路也已破灭。之前和现在总是会听到"某某城市不能没有职业足球""某某城市不能没有中超""如果解散，政府必然会给政策出手救俱乐部"等等这些舆论声音，但都没有能够挡住目前足球泡沫破灭的现实，更没有哪家职业俱乐部的破产解散影响到当地的经济发展，大不了当地再搞一家俱乐部就是了。

2020 年是个比较特殊的年份，因为从这一年俱乐部出现的解散潮和转会市场的降温潮可以看到，各大俱乐部正在主动降低投入，投资人对于中国职业足球的认知明显发生了转变，市场随着投资理性也进入了"由牛转熊"的分界点。

虽然这次足球市场转"熊"的因素较多，但投资人看到"非市场化足球"的消失和"市场化足球"的来临，应该是一个主要因素。投资幻觉破灭后，市场机制将起主要作用，在我看来对中国职业足球的长期稳定健康发展是有利的。

二、中国的职业足球到底是不是一门生意？

在 2018 年一家财经网站 howmuch.net 发布的全球体育联赛的赚钱排行榜中，虽然英超足球联赛以年收入 53 亿美元，只排在第三位，败给了年收入 130 亿美元的美国国家橄榄球联盟（NFL），和年收入 95 亿美元的美国职业棒球大联盟（MLB），但依然是世界上最赚钱的职业足球联赛。

据统计，英超联赛自成立之后，其整体盈利能力稳步提升，2011/12 赛季英超 20 家俱乐部中，只有 11 家俱乐部实现盈利，而到了 2017/18 赛季时，则有 19 家实现盈利。

英超联赛中收入最为稳定的俱乐部是曼联，其常年在世界足球收入排名中稳居前三位。在德勤发布的《2020 德勤足球财富榜》中，来自英超的曼联以总收入 7.12 亿欧元排名第三，西甲的巴萨以破纪录的 8.4 亿欧元的营收排名第一，排名第二的皇马同样来自西甲，总收入达到 7.57 亿欧元。

从英超为代表的欧美国家职业体育联赛来看，职业足球俱乐部就是当一门生意来做的，而且能赚钱。

宏观数据

美国拥有全世界最发达的体育产业市场，体育产业在其国民生产总值中占比逐年上升，1980 年美国体育产业增加值为 258.7 亿美元，占国内生产总值的比重为 1%，到 1990 年代达到 2%，到了 2010 年已经达到 3.07%，为 4410 亿美元，是汽车产业的两倍，影视产业的四倍，即使是在 2008 年金融危机之后，美国的体育产业不仅未受重创，反而有所正增长，2009 年美国四大职业联赛（国家橄榄球联盟 NFL，美国职棒大联盟 MLB，美国篮球职业联赛 NBA，国家冰球联盟 NHL）的收入反而增长了 8.1%。

德勤会计师事务所于 2016 年发布的调查统计数据表明，足球是世界上产值最高、受众最广泛、影响力最大的体育运动，是体育产业中最大的单一项目，足球产业占体育产业总产值的 43%。世界范围内足球产业年生产总值达 5000 亿美元，被称为"世界第 17 大经济体"。

中国足协发布的《中国足球中长期规划 2016—2050》及其他权威研究机构的预测：未来中国体育产业要达到 5 万亿人民币的市场规模，而按照国际体育产业中足球 45% 的占比，中国足球产业在 2025 年的产业规模将超过 2.25 万亿元。

从足球产业的大数据预测来判断，中国职业足球将迎来一个非常美妙的增长阶段。

中国足球除了市场化"无路可走"

（一）中国职业足球必须市场化产业化是中国社会与经济发展的自然选择。

体育产业是发达国家经济中的支柱产业。比照西方经济发展中各产业的发展阶段，目前中国经济也到了通过体育产业推动中国经济发展的新阶段，体育产业包括足球产业的发展必须要成为未来中国经济重要的新增长点。

因此，中国职业足球市场化产业化，是中国整个社会的经济形势发展后出现的自然选择，这是中国足球职业化的大背景和大趋势。

（二）与其他体育项目相比，足球又是最具备率先市场化条件的项目，因此中国职业足球市场化产业化又是由其先天基因所决定的。

社会对一个产品的需求程度有多大，就决定这个产品有多大的市场空间，只要具备了大量的社会需求，就会产生为这个产品服务的众多上下游企业，也就具备形成产业化市场化的前提。

就足球来说，由于参与这项运动的人数众多，且比赛的竞技观赏价值远远高于其他的体育项目，因此有大量观看需求（不论是现场还是通过媒体观看比赛），具有很强的社会关注度，这就容易形成庞大的市场需求；再加上足球作为团队运动，需要的上下游服务很多，从而带动了众多社会资源为其服务，能够形成庞大的产业链，因此有这些因素才奠定了足球是世界第一运动的江湖地位，也决定了其市场价值。

离开"专业队"走向"职业化市场化"的中国职业足球俱乐部是绝无"回头路"可走的，无论近三十年的职业化市场化历程中出现了什么问题，还将面临什么问题，但这是中国经济发展的必然选择，是代表足球产业未来发展的正确方向，谁也挡不住中国职业足球俱乐部走向更彻底职业化的步伐。

把足球当成是生意做，它就能成为一门生意

从各项数据和发展趋势来看，不论是分析中国体育产业的宏观背景，还是研究职业足球联赛的发展潜力，在中国搞职业足球的市场潜力是很大的，职业俱乐部本身是应该能赚钱的，那就应该是一门生意。

"将职业足球当生意做"的前提是：首先，中国俱乐部的老板们要把这家俱乐部当成企业来管理，抛开短期成绩的攀比与虚荣，用长远建设足球产业的战略来规划俱乐部的发展，以投入产出平衡为导向来制定预算。

其次，中国俱乐部的老板们别被"中国职业足球的投资幻觉"领偏了路，中国足协也应该放权给职业联赛，彻底改变职业联赛"职业化市场化不彻底"的现状，保护老板们的投资利益，激发和引导从而彻底解放"投资职业足球资本的生产力"。

中国职业足球注定是门生意，可能没有老板们目前的主营生意获利那么巨大，但是一门相对稳定的生意。而且职业足球俱乐部可以成为进军体育产业的一块很好的"敲门砖"或"金字招牌"，有了职业俱乐部这个品牌开路，在体育产业发展中将会游刃有余。

事实上，如果按照市场机制主导做职业足球，仍然是可以以职业

足球来带动资源，但不同之处是：之前是投资人搞足球为了带来足球以外的资源，而现在搞足球是以职业足球为核心带动产业资源，逐步促进体育产业的发展。

只有更多的投资人科学理性冷静客观地看待职业足球投资的环境，深入地研究足球产业发展的背后逻辑，尊重市场规则，就能把职业足球当成可持续且值得长期做下去的生意。

三、职业足球这门生意到底该怎么做？

　　估计世界上没有哪门生意的经营，会比投资管理一家职业足球俱乐部来得更加粗糙和草率。无论投资哪门生意，老板怎么也得要个投资计划书之类的报告，看看项目的市场前景、发展规划和资金回报计划吧，但这在足球的投资经营中基本不存在！

　　我作为职业足球俱乐部的总经理，钱确实花了不少，只是冲上中超晚了点，也算完成了任务，但生意可真没怎么做。我理解的生意是资金"有出有进"，至少在投资计划期内要接近完成财务目标。所以我认为我在俱乐部做的不算生意，因为资金出的比进的多了太多。就目前中国各职业俱乐部的战略规划来看，估计未来大多数的中超俱乐部要实现财务平衡的目标也是希望甚微，当然很多根本也没设财务目标。

　　做一门生意无非是要找对市场、做好产品，那做好职业足球俱乐部的生意也不例外。职业俱乐部自身就是产品，这个产品又包括了很多内容，比如成绩、球员、梯队、文化等等，而这些所有涉及俱乐部的产品内容必须要花大力气和长时间的培育，想走捷径可能会适得其反。

结硬寨、打呆仗

湘军基本战术的启示

曾国藩所统率的湘军每到一处便修墙挖壕、安营扎寨、步步为营，将本来是攻城拔寨的进攻任务变成了防守任务，一点点蚕食着太平天国控制的区域，这便是"结硬寨"，很重视扎营与守营，先保证自身军队的安全后再做打算。

湘军攻城经常性地用时整年，而不是两三个月，通过挖壕沟围城，断敌粮道、断敌补给，有必要时进行围敌打援，方法很笨，但非常有效，这就是"打呆仗"。

曾国藩的"结硬寨，打呆仗"之所以能成功，也是有大前提的，那就是整体战略保证是正确的。曾国藩打败太平天国的诀窍就是稳扎稳打，步步为营，不取巧，不投机，始终掌握战略主动，这才取得了最终的胜利。

广东华南虎足球俱乐部的八年历程

广东华南虎的前身是东莞南城地产足球俱乐部。2012年12月，东莞南城队正式迁到梅州市梅县区，更名梅县客家足球俱乐部成为梅州首家职业俱乐部，于2013年开始参加中乙联赛。2015年3月，深圳市铁汉生态环境股份有限公司整体收购梅县客家足球俱乐部，俱乐部更名为梅县铁汉生态俱乐部。2017年，梅县铁汉生态足球队获得中乙联赛第二名，获得了2018年中国足球协会甲级联赛准入资格。

据媒体报道说，球队刚冲上中甲时，俱乐部的预算高达3个亿，这是一个令人咋舌的数据，这就意味着俱乐部完全要靠母公司输血，但老板觉得没有这个钱不能保级。但当母公司资金出现问题时，俱乐部预算再降下来就难了。

广东华南虎的母公司梅县铁汉生态集团面临运营困难，于2020年1月3日在深圳联合产权交易所发出转让广东华南虎俱乐部100%股权的公告，俱乐部所有股权的挂牌价为1.8亿，挂牌时间为2020年1月6日至2月5日。

由于没有找到接盘方，这家成立于2012年的新生代足球俱乐部在走完八年的短暂路程后将彻底消失了。

曾国藩讲的是笨功夫，固然不能毕其功于一役，但注重微小胜利的积累，却能笑到最后。

与此相反，目前职业足球俱乐部的很多老板，为追求短期成绩而忽略母公司的资金状况，最终不仅导致俱乐部短期内崩溃而且拖累母公司发展的例子，在这十年间绝不只广东华南虎这一家，可谓屡见不鲜。

当然，总有人将俱乐部债台高起的责任甩给市场的虚高与足协的不作为，因此都是俱乐部老板被逼无奈，为了保级为了中超，不得不花大价钱出转会费和工资奖金，形成恶性循环，最终深陷其中。

对于这个话题要反过来看，并没有人会逼着老板去搞职业足球，也没有哪个地方政府逼着老板必须"保住中超中甲，否则砍头"，甚至没有哪个球员逼着俱乐部必须签约，所有这些决策都是老板自己下的决定。

贵的球员买不起，可以买便宜点的，球队仍能组织起来比赛；这个级别待不下，减少投入到下个级别继续练级，对于投资人没准是好事，积蓄力量几年又上去了。但这些正常的商业逻辑在中国职业足球联赛里很少存在，俱乐部的预算本来可以花三年，一年就花光了，结果老板追求的"爆炸性效果"和"投资幻想"没实现，还把母公司拖下了水。

说到底，"足球这门生意到底该怎么做"这根指挥棒是握在老板手里的，俱乐部总经理是跟着老板的导向在走。到底是应该采取"砸钱出成绩"或"先花了钱搞上去再说"的经营战略，还是"慢慢积累逐步壮大"的发展规划，必须要根据投资人的自身资金、当地资源及政策环境，制订出合适的战略发展规划和资金计划，稳扎稳打按企业经营管理的理念来做，按职业足球的发展规律来做。

俱乐部对总经理的考核也应该从单纯的"成绩"导向，向"成绩与资金执行"并重的双重考核转变，要求总经理按照现代企业制度经营管理俱乐部，认真制订自己的资金计划和战略发展规划、年度落地计划等。

所以，做职业足球俱乐部，首要的是要按照做企业的要求，"结硬寨、打呆仗"，步步为营，做长远打算。

做好定位和差异化竞争

杰克·特劳特"定位"理论的解读

美国著名的营销大师杰克·特劳特在其著作《与众不同：极度竞

争时代的生存之道》中指出，在竞争对手如云的情况下，企业必须找到一种方式令自己与众不同，这是成功的定位策略的基础。

一个行业内同质化现象愈演愈烈，市场就会愈加混乱，后续进入的企业很难能够脱颖而出。战略定位正好可以帮助企业打破这种混乱的局面，突破同质化壁垒。没有战略定位，企业经营便失去了前进方向。

战略定位并不是一个目标、口号或者理想，而应该是可操作性的方法，从公司目前的战略、目标出发，为企业的发展阶段做出相应的定位，朝着一定的目标发展。

企业的首要问题是能够靠自己的经营生存下来，继而以利益最大化为目标，制订短中长期的规划。众多企业在一个行业内激烈竞争，那靠什么才能生存下来呢？是企业的战略定位。战略定位要准确，不仅要根据自身现有的资源和特点，还要准确地做好差异化产品的定位，定错了位，劲儿白费，甚至是死。

如果企业的定位是准确的，就能形成自身独特的商业竞争"模式"，为自己找到一条不一定是非要做大、但会在某一方面上做"强"的发展路径。这个"强"将意味着注重企业的赢利能力，注重企业的市场地位，注重发展的质量和效率，而不仅仅是在乎企业的规模和大小。

职业俱乐部就是企业，企业就得尊重企业的经营发展规律，既不能用老板的投入资金量来衡量判断"这个老板是不是想搞好足球"，更不能被地方政府或当地球迷的"不能降级"舆论所绑架。

俱乐部要有准确的战略定位同样重要，既不能脱离自己的球队和梯队的整体实力，更不能脱离自己的经济实力的基础，明确自己的定位，保证在竞争中能够通过自己的发展计划生存下来。

在俱乐部激烈的市场化竞争中，各俱乐部会根据自身的资源和财力在市场中找到准确的定位，从而形成一个多样化多层次的职业俱乐部生态体系，就如同森林中由参天大树、茂密的灌木和遍地的草丛等组成的可持续循环的生态系统。

欧洲职业足球俱乐部之所以发达，也在于俱乐部多层级多样化的生态系统的形成。既有少数有全球影响力的豪门，也有在青训或商业运营上极具特色的中型俱乐部，还有一些为豪门培养球员锻炼球员的培养型俱乐部。甚至欧洲各国职业联赛间都形成了完整的生态系统，除五大联赛之外的其他小国的顶级联赛，通过培养锻炼青年球员向五大联赛输出而生存。所以为什么说欧洲的顶级联赛能够长期地保持稳定繁荣，很大程度上讲是得益于整个联赛体系的生态化结构十分合理，是一个充分按照市场运行规律发展，完成职业足球的市场化闭环，进而成为健全健康的产业链条。

事实上，在欧洲也有许多职业俱乐部由于自身合理清晰的定位而得以生存发展的。比如有着"绿茵兵工厂"之称的荷兰阿贾克斯足球俱乐部就以擅长培养年轻球员而闻名世界足坛，其通过将有潜力的球员出售给五大联赛的豪门俱乐部而赚取巨额转会费，以便支撑自身的良好运营与发展。"阿贾克斯"这种模式的俱乐部在欧洲为数不少。

还有以欧洲足坛"黑店"模式著称的葡萄牙波尔图俱乐部，绝对是一支懂得销售的俱乐部，也就是只要有适合的价钱，任何球员都可以卖。媒体将波尔图的这种经营模式称为"Money ball"，也就是培养年轻球员，然后高价放出。其实有很多球队都是围绕着这个模式经营的。

虽然目前中国职业俱乐部没有形成欧洲那样的清晰定位，但是一些小型的俱乐部，由于他们的资金及资源有限，因此开始琢磨如何在职业足球领域能够有自己的生存方式，比如浙江毅腾以大连青训为基础，逐渐通过培养青年球员，不仅满足了自己的使用，还通过卖球员赚钱，始终能在中乙、中甲到中超三级联赛中生存，实现了小成本运作的模式。当然在我的工作交流之中，仍能发现这些小俱乐部的诸多不完善之处，但相对于目前中超那些不计成本大投入的俱乐部，至少在战略定位和计划实施上是明确了很多。

我相信，在经历了中国职业足球"从牛转熊"的转折之后，会加速各大职业俱乐部对战略发展与定位的研究和确定，只有将俱乐部当成企业来做，把职业足球当成生意来做，才能让投资人更有信心地长期来做职业足球，也只有在这样认知的基础上，中国足球产业甚至体育产业才有真正产生科学发展和自我循环的可能性。

四、中国职业足球为什么非要成立职业联盟？

对于中国的绝大多数足球迷来讲，可能只知道足协，而对职业足球联盟这个概念是比较陌生的，更不了解联盟存在的意义。

职业体育联盟制度是 1876 年由美国人创造的一种新的职业体育发展形式，美国棒球成为第一个定位为联盟治理的体育运动项目，并随着美国职业棒球大联盟在商业运作上的成功，受到了其他运动项目的追捧和效仿。

对于职业体育联盟的概念和性质，虽然专家学者存有各种解释，但都有以下几点共同之处：

（一）职业体育联盟是一种以盈利为目的的经济组织；

（二）组成职业体育联盟的基本单位是职业体育俱乐部，且各俱乐部均为独立实体；

（三）职业体育联盟的存在可以通过制定相应的制度来有效地避免俱乐部之间的过度竞争，促进联盟和俱乐部利益最大化。

世界上最早的职业足球联盟"英格兰足球联盟"于 1888 年出现在英格兰。但是，伴随着足球联赛的发展，从 20 世纪 70 年代起英格兰足球开始面临难缠的足球流氓等社会问题，以及令俱乐部焦头烂额的财务问题，这些困难让英格兰足球的发展陷入泥沼之中。

英格兰足球人在总结了欧洲其他各国职业联赛的经验和教训的基础上，于 1992 年推出了崭新的英格兰超级联赛，并在此基础上成立了英超联盟。

英超联盟中的二十支队伍成了独立于英格兰其他级别联赛球队的一个团体，他们拥有自己的经营规划、自己的管理系统，他们自己制定比赛规则，自己制定对俱乐部和球员的奖惩制度，甚至他们的裁判委员会也是独立于英国足总。所以，英超联盟不仅是在商业运作与利益分成上的独立，而是几乎所有都与英足总完全分开。

总之，在 1992 年成立的英超联盟，在职业足球联赛的运营方式和经营规划方面掀起了一次革命。

英足总与英格兰足球联盟、英超联盟之间的关系

英足总

英足总英文官方名称为 Football Association，简称 FA。中文称其为"足总"，为"足球总会"的简称。英足总于 1863 年 10 月 26 日成立，是世界上第一个足球协会。也就是说，当它成立的时候，它是当时世界上唯一的一个足球协会。

正因为此，与世界上其他国家和地区足球协会不同的是，其官方

名称中并不包含国家或地区名称，即其名称就是"足球总会"，而不是"英格兰"足球总会。只是为便于区分，中文习惯于在其名称中加上所属地，称为"英足总"。

【管辖范围和职责】

英足总的管辖地包括英格兰以及三块英国皇家属地（英吉利海峡的泽西岛和根西岛、爱尔兰海的曼岛）。

与世界上各地足球协会的职责相似，英足总负责组织和管理英格兰国家队，并负责监管辖地内的所有职业和业余足球活动。

【旗下赛事】

尽管英格兰四个级别职业联赛的具体运营不属于英足总的职责，但英足总仍然直接组织和运营多项赛事，其中最为传统和著名的便是足总杯。足总杯于1872年开赛，是世界上最古老的的赛事。

每个英超赛季开赛前一周上演的慈善盾杯（由英超冠军对阵足总杯冠军），也是由英足总组织。

除此之外，英足总旗下赛事还包括两条线，一是英格兰女子各级别联赛和杯赛，如女子英超、女子足总杯、女子联赛杯等；二是英格兰四个级别职业联赛以下球队（包括半职业、业余和地区球队）参加的联赛和杯赛，例如国家联赛、足总挑战锦标等。

此外，虽然英格兰青年阶段的联赛更多地由英格兰足球联盟管理，但仿照足总杯设立的青年足总杯赛事，仍然属于英足总旗下赛事。

英格兰足球联盟

英格兰足球联盟（England Football League，简称 EFL）是世界上

最早的足球联盟，于1888年成立。最初创始成员有12个，包括来自英格兰开夏郡的6支球队（阿克灵顿、布莱克本、伯恩利、博尔顿、埃弗顿、普雷斯顿）和6支来自中部地区的球队（阿斯顿维拉、德比郡、诺茨郡、斯托克城、西布朗、狼队）。

【管辖范围与职责】

不同于英足总的官方协会性质，英格兰足球联盟是英格兰职业球队组成的足球联盟，负责组织、运营和管理由英格兰职业球队参加的赛事（英超联赛除外）。

由于1992年英超联盟的成立，英格兰足球联盟管辖的球队仅包括英冠、英甲和英乙三个级别。其中每个级别各24支球队，共72支球队（2019/2020赛季升上英甲的伯里因财务问题被逐出联赛，因而本赛季英甲只有23支球队）。

【旗下赛事】

英格兰足球联盟旗下典型赛事是英冠、英甲和英乙联赛，以及联赛杯。由于英格兰足球联盟是职业球队的联盟，因而不同于足总杯的是，联赛杯只由英格兰四个级别职业联赛（即英超到英乙）的球队参加。

除此之外，英格兰足球联盟旗下还有一项由低级别球队参加的杯赛，叫英格兰足球联赛锦标（England Football League Trophy）。参赛球队包括英甲和英乙的48支球队，以及受邀的16支英超和英冠青年队。

英格兰足球联盟在商业开发方面走得比较靠前，因其旗下每项赛事名称都会有冠名。

【与英足总的关系】

英格兰足球联盟是一个独立自我管理的组织，但联盟旗下球队均是英足总会员，且旗下赛事也都是英足总管辖地的足球活动，因而英足总仍然可在自身权限范围内对英格兰足球联盟旗下俱乐部和赛事进行监管。

英超联盟

英超联盟脱身于英格兰足球联盟，于1992年由英格兰顶级联赛的20支球队组成。因而自1992年开始，英格兰传统联赛体系经历了重大调整，一直作为英格兰顶级联赛的老英甲退出历史舞台，由英超取代，作为第二级别联赛的英格兰冠军联赛则也登上了历史舞台。

【性质与职责】

英超联盟是英超联赛的组织机构，负责组织和运营英超联赛，制定联赛规则，同时也是英超联赛转播及其他商业权利的全权代表。

英超联盟性质上是一家私人公司，其股东为20家英超球队。股东大会是其最高决策机构，每个赛季结束之时，20家英超球队召开年度股东大会，届时当赛季降级的球队需将所持英超联盟的股份转让给从英冠升上英超的球队。

在决策机制上，每支球队在英超联盟股东大会上均拥有一个投票权，且均有权提议制定或修改联赛规则。联赛重大事项，如规则修改、重大商业合同，均需要2/3表决权（即至少14家英超俱乐部）同意方可通过。

【与英足总的关系】

虽然英超球队成立了独立的俱乐部联盟，但它们也仍然是英足总会员。英足总不参与英超联赛的运营和管理，如赛程安排、裁判指派等，但对于英超主席和首席执行官的任命，以及联赛规则的改变，英足总拥有否决权。

此外，作为世界上最具观赏性的比赛，英超比赛除需遵守英超联盟的规则之外，也需要遵守英足总的规则。

【与英格兰足球联盟的关系】

英超联盟脱身并独立于英格兰足球联盟，并与英格兰足球联盟分别负责运营和管理英格兰四个级别职业联赛，即英超联盟运营英超联赛，英格兰足球联盟则运营英冠、英甲和英乙联赛。

除了英超联盟取得了巨大的商业成功之外，德国足球职业联盟也是一个非常有建树和代表性的联盟组织。创立于1963年的德甲联赛在2001年之前均由德国足协主办，在上个世纪曾一度是世界上最好的足球联赛之一，但随着足球商业化水平的提高，德甲的地位逐渐被摆脱了各种困境而重塑的英超所取代。正是在这样的竞争压力之下，德国足球开始寻求联赛的改革，德国足球职业联盟正是在此背景下应运而生，对此后德国职业足球的商业化运作发挥了巨大的作用，也提升了德国足球产业的竞争力。

德国足球职业联盟与德国足协的关系

德国足协成立于1900年。2001年之后，德国足协联合德甲及德乙36支职业俱乐部共同成立的德国足球联赛协会成为赛事主办方。德国足球联赛协会是德国职业足球俱乐部的联合会（或称公司），并面向德国足球协会代表各俱乐部的权益，其所有业务均交由全资附属子公司德国足球职业联盟运营，而其董事会成员同时也兼任德国足球职业联盟的监事会成员。

德国足球职业联盟是德甲德乙两个级别联赛全体成员的服务提供商，并代表球队处理公众和媒体事务。德国足球职业联盟的职责主要有三个方面：联赛管理、俱乐部准入资格认证和商业开发。

德国足协与德国足球职业联盟之间通过一份基础协议实现间接规管，两个组织由共同的受托代表来代表双方的权利和义务。比如，基本协议的一个关键问题是对第二级别与第三级别联赛之间的升降级的管理规定，第三级别联赛是由足协组织的最高级别联赛；德国杯赛由职业足球俱乐部和合格的业余俱乐部共同参加；裁判的培训和管理，安全性问题和教练员的培训等工作继续由足协承担；联盟可以从足协经营的国家队的收入中获取部分利润；足协可以从联盟经营的德甲德乙联赛的门票与转播权收入中抽3%的利润。

除英超联盟、德国足球职业联盟外，其他欧美及日韩的职业联赛也都成立了各自的职业联盟，承担着管理运营职业联赛的职责，可以说，普遍形成了"足协＋职业联盟"的通行模式。

为什么这些职业足球发达的国家纷纷出现"独立于足协而成立的职业足球联盟"这个经济组织呢？这就是职业足球充分市场化产业化带来的必然结果：

（一）职业足球俱乐部作为一家以盈利为目标的企业，必须将自己的产品"比赛"销售出去才能获取商业回报；

（二）"比赛"这个产品已经具有广泛的市场消费基础，能够为职业俱乐部提供商业回报；

（三）"比赛"是个特殊性的产品，必须要由两家及两家以上的俱乐部共同提供，所以俱乐部间就有了既相互竞争又相互依存的独特关系，很多学者称之为职业俱乐部间的"共生性"；

（四）俱乐部之间为保证能"生产"出高质量的比赛，不仅需要相互"共生"，还要形成势均力敌的竞争，共同提高比赛观赏性；

（五）俱乐部之间除了希望通过比赛这个"产品"寻求利益最大化外，还要避免恶性竞争，设置规则控制成本，将自身利益与整体赛事的影响力和商业价值最大化。

总之，欧美职业俱乐部作为企业，是市场竞争的主体。职业联赛则是经过这些市场主体长期地"砸钱"培育和商业运作包装打造出来的品牌，因此职业联赛就成了各俱乐部自然结成的一个经济性联盟组织，通过自我管理运营开发，对自身利益负责。而足协则扮演着宏观指导、监督和服务的社会功能。

再简单地说，生产力决定生产关系，生产关系要适应生产力的发展。职业足球俱乐部——这个足球产业的"生产力"，最终产生了职业联盟这个足球产业的"生产关系"。

中国职业足球联盟的"七大挑战"

摸着石头过河理论，简称摸论。出自中国著名经济领导人陈云提出的一句口号。意指大胆试验、积极探索、摸清规律、稳步前进。

中国职业足球的国家政治体制、市场机制和法律法规环境等背景问题要比欧美体育产业发达国家复杂得多。这其中被"吐槽"最多的就是中国足协各种与生俱来的问题：

（一）中国足协的身份是各界诟病已久的老话题，半民间半官方的体制特色，让其又做"运动员"又做"裁判员"，这在西方发达市场经济环境下是很少有的。

（二）由于中国足协的半官方身份，其长期主导中国职业联赛的主要决策，事实上是一种行政干预市场的行为，因此出台的一些政策损害了各职业俱乐部的商业利益。

（三）中国足协长期将职业联赛的管理权、经营权以及监督权抓在手里，造成职业联赛的产权不明晰，形成了"与市场主体——职业俱乐部争利"的局面。

这一系列的问题，从客观上刺激了俱乐部老板"不把足球当生意做"观念的形成，也是中国职业联赛出现各种不符合市场经济怪相的根源，不利于中国足球市场化产业化的发展。

但是，中国体育市场化产业化已经是不可阻挡的趋势，从上世纪末期开始中国政府就频频出台各项文件和指引，希望能够促进体育产业的发展。职业足球作为体育产业中最惹人关注的板块，市场化的探索最早，引发的社会反响也最大。可以说，职业足球是探索中国职业体育市场化产业化发展"摸着石头过河"的探路者。

近几年来，中国足协"管办分离"和"政社分开"正在落实之中。而且，符合市场经济原则的"职业足球联盟"的成立也在各方努力下积极地协商中。中国职业足球联盟的探讨由来已久，我也参加了多次职业联盟的讨论会及筹备会。

我认为，必须充分地预计到"足球改革"的难度，认识到"职业联盟"的成立绝非一蹴而就，应抱有足够的耐心；也应该全面地分析和结合中国的职业足球环境和特点，不能完全照抄照搬欧洲职业联盟的所有内容来解决中国的问题；要对职业联盟可能出现的反复与改进有充分的思想准备，各方更要对这个新机制新制度抱以宽容的心态。

因此，基于中外职业联盟的分析比较，我先将"职业联盟成立"将要出现的诸多难题一一列出：

（一）职业联盟的开创性挑战。职业联盟肯定要考虑到中国的特殊国情，也一定是足协与俱乐部相互妥协的产物，因此两者的关系很难一步达到像英超联盟、德国足球职业联盟那么简单，否则成立联盟依然遥遥无期，但联盟的基础原则必须符合市场原则；

（二）职业联盟法制保障体系的挑战。欧美职业体育联盟经过了百年市场化的发展，其正常运营的保障基础是健全完善的相关法律体系。中国足球职业联盟的成立，不仅是一个全新商业运营体系的建立，也是一个逐步建立健全相关法律体系的过程，因此不仅中国职业联盟自身需要拥有巨大的勇气与毅力，而且中国立法部门与体育主管部门更要有"改革者"的魄力与智慧。

（三）职业联盟民主规则意识的挑战。职业联盟中的各俱乐部均为地位和权利平等的股东，重大事项和主要负责人必须经由所有股东平等协商，通过每个股东一票的方式，达到联盟章程规定的比例后，方可生效实施。这种民主协商的方式，首先必须建立在所有俱乐部老板对职业足球这门生意的高度认同感之上，也必须建立在对职业联盟游戏规则和目标的高度认同感之上，如果大家心不齐，很可能会造成自己制定的规则自己不遵守，或是屡次表决都无法形成有效决定，进而影响联盟的正常运营。

（四）职业联盟高层管理团队将面临专业化的挑战。中国职业体育产业化发展的落后，还在于没有培养和产生出既掌握足球产业经济运营规律，又熟悉体育相关法律知识的高端体育运营人才。因此，职业联盟组建的高层管理团队能否完成目标任务，将是一个巨大的挑战。尤其是对于联盟主席或 CEO 的要求更高，肩负着许多开创性的工作，能不能找到这样的专业人才，将是联盟成功的关键。大家在研究英超联盟或德国足球职业联盟时，只是关注到了联盟与足协工作的独立性上，足协没有干涉联盟的工作，那是联盟的主席或 CEO 在与足协、政府部门和司法部门进行大量工作的基础上完成的。

（五）职业联盟权威性的挑战。足球是个偶然性因素非常多的体育项目，因此由于比赛的赛程安排、裁判安排以及裁判判罚所引起的纠纷实在不少，也绝对难以避免。中国足协因为裁判判罚问题屡遭炮轰，那么这些问题一旦发生在职业联盟之中，其处理结果能否得到各俱乐部的认同，这将严重影响到职业联盟的完整性和权威性。

（六）职业联盟商业开发的挑战。中国职业体育市场培育仍在初期，足球市场中各要素严重缺乏市场化的消费习惯，因此不能过于乐观估计联赛商业价值实现的难度。我们都知道，欧洲五大联赛中各俱乐部商业收入中最大头的是"比赛转播版权"，但在中国由于电视转播的市场垄断行为，中超转播版权在商业谈判中始终处于弱势地位，就更别提联赛其他方面商业收入的难度了。

（七）职业联盟能否承受"停摆"甚至"破产"的挑战。我们应该很清楚，职业联盟就是个成员众多且自负盈亏的经济组织，当这个经济组织内部的各成员利益不一致时，就会面临联盟"停摆"的风险，更严重的甚至会导致联盟破产重来。这其实是市场经济规律的正常现象，翻看美国各大体育职业联盟的发展历程，没有一个不是经历了几番破产重组才重出江湖，而后发展壮大。可想而知，这种市场游戏规则的行为方式，将会对中国职业联盟的"身骨"有多么剧烈的考验。如果要面临"停摆"乃至破产的境地，我们能否具备良好的政府、社会和市场的心理承受能力，目前还真难以判断！

当然，职业联盟将会面临的挑战还有许多，但不管职业联盟将面临多大的困难，它的成立依然是中国职业体育市场化产业化发展的一大进步。目前世界职业体育产业的竞争，与其说是运动技术水平的竞争，不如说是关于职业体育"制度安排"的竞争，更应该是体育产业相关法律保障体系的竞争。

只有在制度与法律完备的环境下，职业联盟这种适应市场竞争机制的职业体育经济组织，才能刺激职业足球俱乐部老板，按市场化原则形成"理性的足球投资预期"，充分利用联赛竞技资源和产业资源的整合，培育职业联赛市场，将联赛价值最大化，以期发展壮大职业足球产业。

五、中国足球搞不好的"板子"到底应不应该打在职业俱乐部的"屁股"上？

既然从前我们在举国体制下，国足勉强在亚洲还能算是一流水准，而二十五年过去了，职业化改革让中国足球水平不升反降，也没有让国足在重大比赛上取得好成绩，我们为什么不想想举国体制有哪些优点和好处，再去其糟粕，找到一条适合中国足球发展的道路呢？

——摘自网友关于中国足球应该回归"举国体制"还是继续走职业化的讨论

"我们现在的球员是一茬不如一茬！"只要和其他俱乐部的总经理和教练聊到球队，就经常能听到这样的抱怨。一方面职业俱乐部认为球员竞技水平不断退化，另一方面在各级国家队层面则是屡战屡败，已经到了"在亚洲谁都能输"的地步。

不管是球迷和媒体的各种情绪发泄，还是从一部分足球人的观点来看，中国足球的职业化是失败的，主要表现在三个方面：一是职业化"烧"了很多钱，但职业化后足球运动员的职业精神越来越差；二是职业化后中国各级国家队的成绩越来越差，球员的竞技水平与专业队时代相比下降很多，与当时希望通过职业化提升球员竞技水平的理念背道而驰；三是在打破了足球的"专业队"举国体制之后，职业化并没有建立起完善的青训体系，青训梯队质量下滑。

与此同时，在中国足球近三十年职业化的过程中，在中国职业俱乐部"大把烧了钱"之后，中国职业足球运动员收入暴涨却水平下滑，这种鲜明的对比让社会舆论将讨伐的矛头对准了"职业足球俱乐部"。

作为一名职业足球俱乐部的从业人员，我经常面对的困惑是：在老板砸了大钱搞俱乐部的同时，还要被社会质疑甚至谩骂，真的是因为职业足球将中国足球的水平搞下去了吗？中国足球搞不上去的"板子"是不是应该打在职业俱乐部的"屁股"上呢？

足球职业化后的"两大误区"

既然有这么大的风险，为什么偏要坚持走这条路呢？

主要原因有两个方面：一是职业足球已经风靡世界足坛，有些足球强国职业足球的历史已有百年，职业足球对提高竞技水平的显著作用早已被世界足球强国所认可。中国足球要不断进步，跳出现在徘徊不前的状态，必须走职业化的道路。二是在计划经济体制下，中国足球已经搞了四十年，在我这一任，矛盾与问题的积累已经达到了非解决不可的程度。仍延续过去的管理方法显然不会起到任何作用，只有寻找新的管理模式。职业化是目前最好的方法，其具体方法与措施可以从根本上解决我国足球界长期以来积累的矛盾与问题。

　　——摘自《经济观察报》改革开放 30 周年纪念专题《1994：我知道的中国足球》，作者：王俊生（自 1992 年起担任中国足球协会常务副主席兼秘书长，达十年之久。其间领导制定了中国足球职业化改革的纲领性文件《中国足球十年发展规划》，启动了延续至今的中国足球职业化改革的探索。）

　　1992 年，被称为中国足球"遵义会议"的红山口会议，正式开启了中国足球职业化之路，作为亲历者和推动者的王俊生不仅在其回忆中道出了足球改革的巨大压力，也讲出了中国足球不得不走职业化的原因。

　　不可否认，在当时的社会政治经济制度与历史背景下，中国体育界的前辈们能够力排众议，勇于革新，大胆尝试足球职业化的道路，无疑是一次中国体育界的思想大解放，对中国体育产业的市场化发展具有划时代的意义。

　　但是，也必须看到，囿于当时对体育市场理论研究和思想体制的局限性，中国足球职业化的开创者们，虽然认识到计划经济体制下的"专业队"模式已经由于众多矛盾的交织已无路可走，但是却只是将"足球职业化"当作是"解决旧问题和提升国家队竞技水平"的新工具。

　　中国足球职业化搭载着各种使命出发了，但近三十年中国足球"混沌不清"的发展并没能解决当初设想的各种问题。我想主要原因还是"足球职业化"理念的混乱，造成了目前社会舆论对中国职业足球的两个误区：

误区一：职业足球联赛拯救"国家队成绩"

"从足球先进国家的经验来看，足球走职业化的道路是大势所趋，也是目前提高我国足球竞技水平最好的方法和措施。"这段文字是关于红山口会议确定中国足球走职业化道路的首要原因。

如果没理解错的话，我们足球改革的出发点依然是为了"中国足球出成绩"，只不过原来的"专业队"体制走到"死胡同"了，所以借鉴国际足球成功经验，"职业化"是解决中国足球水平和成绩问题的"新药方"。

事实上，各国搞职业联赛，搞足球市场化产业化，最初的目的绝不是为了拯救本国国家队的足球成绩。因此，在市场经济发达国家，因为有了市场消费才诞生了职业体育，而职业体育俱乐部就成为以盈利为目的的企业，并且伴随着体育市场消费的逐步发展扩大，进而形成了职业体育的产业，时至今日职业体育产业已经成为经济发达国家的支柱型产业。

因此，从这个职业体育的市场化成长发育规律来看，我们搞足球职业化的第一任务，并不应该是将"提高我国足球竞技水平"的任务交到职业俱乐部肩上，而是应该以市场经济规律角度来定义足球职业化的任务。依次是：第一任务是培育职业体育主体，发展职业体育市场，推进体育产业形成，进而成为国家经济发展的重要板块；第二任务是通过生产出丰富的高质量的足球比赛，满足我国人民日益增长的体育消费需求，提升我国的社会主义精神文明建设水平；第三任务才是作为体育市场竞争主体的职业俱乐部，通过高质量的比赛和市场化的培养手段，培养出高水平的运动员，从而达到提升我国足球整体竞技水平的目标。

职业俱乐部首先是一家企业，企业就要以盈利为目的，只有先让企业能在市场竞争中生存下来，继而在众多职业俱乐部的共同努力下，打造和包装好职业联赛，通过这个联赛的影响力和商业价值获取更大的利益。这一系列的商业运作，才是国家体育产业扎实发展的根基，才能成为推动国家经济发展的新增长点。

1994 年开始的足球职业化，虽然是体育界的一次市场经济的思想大解放，但却没有提及体育市场化产业化发展的本质——"促进体育产业形成，推动国家经济发展"，因此造成了在将足球俱乐部抛向市场的同时，将"国家任务"也一同抛给了职业俱乐部和职业联赛，让职业俱乐部同时背上"为国争光"与"自我盈利"的双重包袱。

更何况，一个国家的职业体育成功与国家队成绩也并无必然联系。就拿我们最想学习的英超俱乐部和英超联赛来说吧，英超联赛因其提供了高水准的比赛，而成为全世界最具市场价值的足球联赛，英超的曼联俱乐部也被誉为全世界最赚钱的职业俱乐部之一。然而，英格兰国家队却以成绩不稳定著称，被众多球迷戏称为"欧洲中国队"。如果我们从英超的投入与发展来衡量英格兰国家队的话，我们只能说英格兰国家队在到处丢人现眼，英格兰国脚们完全不配拿着天文数字的薪酬，更加缺乏"爱国主义"的情怀，最应该要做的就是给"英格兰国脚限薪"。

误区二：职业俱乐部不去培养青少年球员

很多人对中国足球职业化的声讨集中在青少年的培养上："职业

化快三十年了，俱乐部没有培养出高水平的运动员。"

说到青少年培养的问题，我们还是应该回到"红山口会议"的时代。这里我绝对没有将目前中国职业俱乐部的所有问题"甩锅"给足球改革的意思，相反我非常钦佩前辈们顶住压力"勇于求变"的魄力，我只是去分析造成目前职业俱乐部发展各种窘境的深层原因。

"红山口会议"决定了中国足球职业化的方向，但却没有做好整个足球体系的职业化转型准备。由一支"专业队"变为"职业队"的转换是较为容易完成的，但从"计划经济"体制下的足球管理模式，转型为"市场经济"起主导作用的职业足球管理模式，这涉及的是"整个足球要素市场的营建、足球行业法律法规配套制度的完善、全社会对俱乐部企业化运营理念的认知"等整个体系的建设。

可以说，中国足协在职业化的转型期，秉承着"先开始再完善"的改革精神，承担着"扶上马、送一程"的职业化转型期任务，但从实际状况来看，足协只是完成了将职业俱乐部老板"扶上马"的步骤——社会资本进入了职业足球领域，而"送一程"则涉及更复杂的"规划、制度和法规"等配套工程。这其中较为突出的工作就包括中国足球青训由"专业体校体系"到"职业青训体系"的过渡期建设，足协则是把这部分工作全部甩给了职业俱乐部，也就是全面交给了市场解决。

由于职业化之后俱乐部的老板们在搞职业足球上是"各怀心思"，加之中国足协在青训工作上没有自己的计划，对俱乐部也无要求，因此才出现了打破"专业队"的举国体制青训培养模式之后，"市场化"的职业俱乐部青训体系却迟迟不能建立起来，最终导致了目前"中国

196

足球球员青黄不接"的窘境。

所以，我们在声讨中国足球青训失败的时候，确实要仔细想想这个板子是不是真的就应该打在职业俱乐部的"屁股"上。

足协的"缺位"

我们来看下职业足球发达国家的足协有哪些重点工作：首先，职业联赛的管理和国家其他足球事务的管理是分开的，职业联赛的本质是一个商业产品，由职业联盟来具体负责管理、包装和开发；而一个国家整体足球的青训规划和可持续发展则由足协来负责，职业足球俱乐部搞青训的目的毕竟是为了自己俱乐部的利益而不完全是为了国家整体足球事业的发展，因此足球发达国家足协则会从整个国家足球普及和提高的角度考虑，建设自己国家足协级的国家和区域足球青训中心。

由此可见，中国足协在职业化改革之初，是将青训工作全部推向了市场的，缺乏对俱乐部在青训方面的引导与要求，也没有做好足协与职业俱乐部在青训工作上的责任划分，忽略了青训工作的社会性和复杂性。

俱乐部的不"站位"

当然我们也得说说职业俱乐部的青训工作滞后的原因。按理说，在职业俱乐部的商业行为中最能赚钱的大致分为两块：一块是商业开发，一块是球员买卖。可以说这两块，也是俱乐部最重要的两大产品。如果俱乐部能够培养出高质量的球员，然后出售出去，这会是俱乐部来钱最快也最大的一种产品，这就是俱乐部最快捷的生意模式。

青训这么简单的商业逻辑，为什么俱乐部不做呢？就是因为很多俱乐部老板们从根子里就没把"足球当生意做"，这样就不会做长期的俱乐部发展计划，更不会看到建立完善的青训培养体系对于一家俱乐部的长远发展、成本控制和盈利空间有多么重要了。

在职业化初期，俱乐部老板就是认为自己买了一支队（其实到现在很多老板还有这种意识）。而如何建设一家职业俱乐部，如何搭建起俱乐部的青训体系，如何长期健康经营发展自己的职业俱乐部，很多老板根本就没那个理念，更没那个想法。

近十年来，俱乐部对于青训的重视程度高了，但又遇到了很多的法律与制度的缺失问题，俱乐部的青训利益无法得到有效的保障，再次影响了俱乐部做青训的热情。

因此，我们需要的是"更彻底的职业化"。我认为职业联盟的成立开始向这个方向在迈进了，如果中国足协真正做到了与联赛的产权、经营权和管理权的分离，能让投资人看到投资足球赚钱的希望，我想那时会有很多投资人"将足球当生意去做"，进而建立健全俱乐部自身的青训培养体系，不仅打造出俱乐部的人才循环系统，也能形成自身的商业赢利模式。

六、我们的青训到底出了啥问题？

中国足球青训差的原因，错综复杂，涉及方方面面，包括整体教育现状，甚至连过去的计划生育政策都能算上，俱乐部能承担的只是其中一小部分。

——中国著名足球评论人黄健翔

一说到中国足球水平差，一定会"拔起萝卜带出泥"地再讲到青训问题。这是个非常正常的逻辑思维，"没有根哪有树"嘛，"根扎多深树长多高"！成年队的水平，早在青少年培养阶段就全埋下了。

但中国青训花了这么大力气，为啥就搞不好呢？这个又是许多朋友问我最多的问题，却也是一个难以用三言两语就能回答出来的问题。如果说成年队是已经长成的大树，青训就是扎在泥土中的根系，那么要说明白中国青训的问题，就得"把根系生长所需的泥土"都讲清楚了。显然要讲清楚"泥土"是非常非常吃力的事情，掌握不好就很容易以偏概全，这就如著名足球评论人黄健翔所说的"错综复杂、方方面面"。因为青训是足球所有环节所有问题的集大成者，会涉及社会制度、经济体制、法律法规、文化习惯、教育体系甚至家庭观念等社会因素，远远超出一般人的想象。

虽然中国青训问题，可能几天几夜也未必能讲得清楚，但却是作为俱乐部的总经理不能逃避的课题，因此我还是希望能通过几个较为重要的方面来廓清职业俱乐部青训的困境。

变的是青训体系，不变的是青训理念

在中国无论哪支球队，哪怕仅仅只是青少年队伍之间的比赛和较量，赛前优先看重和考虑的肯定是最后的胜负结果，这种可能会让大多数日本教练费解的现象在中国非常普遍。在日本，培养一名年轻小球员时，青训教练们说得最多的就是：输掉某些比赛并不是什么不好的事情，关键是你能从比赛中学到什么。在日本，每次比赛结束后，关于比赛过程的分析和回顾一直都是各球队赛后工作的重中之重，以此来让球员们明白比赛中哪些细节是本可以处理得更好，哪些错误以后不能再犯，而不是只计较某场比赛胜负上的得与失！

在青训阶段，就算是输掉了某些看起来比较重要的比赛，球员们也肯定会从比赛中获得非常多宝贵的东西。可惜的是，在中国这种失利的代价和后果似乎是无法想象的，甚至球队内的工作人员都会因为这些产生心理恐慌，觉得这样的一场失败肯定会招致俱乐部老板严厉的指责。

——广州富力足球俱乐部青训总监喜熨斗胜史

纵观目前中国职业俱乐部的青训体系建设，目前主要是两个模式："俱乐部自办足校模式"和"俱乐部与普通学校共建青训模式"。这两个模式在现阶段来看各有利弊，但长远发展来看，越来越多的俱乐部选择在所在地城市通过与普通中小学共建来搭建青训体系。

比如深圳佳兆业，就是选择与深圳市罗湖区进行了青训战略合作，并将共建的梯队落地到了翠园中学，梯队的孩子可以在边接受普通教育的同时边进行职业足球训练，摆脱了之前青训的"圈养模式"，实现了"职业青训的三不脱离"：不脱离学校、不脱离家庭、不脱离社会，最大程度为梯队孩子的未来发展出路提供更多的保障。

普通中小学校为什么会愿意与俱乐部合作共建青训梯队呢？如果不想通这个道理，职业俱乐部就很难在青训环节上与学校结成联盟。作为公立学校，很多学校并不图赚钱，看重的是俱乐部提供的高水平教练资源和高质量的训练体系，然后还能为学校带来"成绩"的荣誉。因此一旦队伍出不了"成绩"，那这个合作估计也就离"分手"不远了。

当然，向俱乐部青训要"成绩"的不仅是学校，还有俱乐部老板，因为至少现阶段一些老板仍认为只有成绩才能检验出俱乐部青训的"投入产出比"，甚至会影响到俱乐部管理层和青训教练的"饭碗"。

在过于低龄的人群中，过于强调成绩和胜负，肯定会出现更多投机取巧的行为。因此，通过竞技比赛，通过更多的对抗来培养青少年足球人才，在做法上没有问题，却在整个系统引导上，很容易落入成绩决定一切的结果论。

事实上，职业俱乐部青训的真正目的是扩大俱乐部青训球员基础，通过训练和比赛来挖掘有天赋的小球员，如果最终没有培养出能到职业赛场的球员，青少年阶段再好的成绩，对于俱乐部青训来说也没有任何意义。

佳兆业俱乐部曾想找一名青训总监，经纪人推荐了一位在中国有青训经验的日本教练，我到现在还记得他在面试时唯一给我提的问题就是："俱乐部对梯队有没有成绩要求？"看来，不只是喜燧斗胜史这一个外籍青训教练发现了中国青训的问题。

可以说，我们从旧体制下的青训体系转变到职业化之后，这么多年来只是青训体系建设的"外壳"变了，但以"成绩"为导向的青训评价理念的"内核"没变。

谁来打通教育和足协的青训"任督二脉"

中超和中甲俱乐部：（1）须拥有一支一线队、一支预备队；（2）下设至少 5 支不同年龄层次的青少年梯队；（3）5 支不同年龄层次的青少年梯队，分别为 U19、U17、U15、U14、U13；（4）每支球队至少注册球员 18 名，并且代表俱乐部参加各级不同的官方赛事；（5）俱乐部球员的注册单位应为本俱乐部，而非其他俱乐部或法人；（6）每支球队都应有具体的训练和发展计划，相关的计划应由专业人士进行管理和运行。

——摘自《中国足球协会职业俱乐部准入规程》（2018 版）

中国足协对于职业俱乐部在青训方面的强制性要求，反映出职业俱乐部在青训建设上的严重不足，也点出了俱乐部长远健康发展的最薄弱环节。

之所以俱乐部的青训薄弱，难点在于训练与教育的结合，教育系统与足协系统的兼容，这已经成为制约俱乐部青训建设的"任督二脉"。

教育系统是俱乐部青训的基石，它解决了小球员们最为重要的学籍问题，尤其是U13—U15年龄段梯队的小球员，还属义务教育阶段，他们既是职业俱乐部梯队成员也是普通学校在校生。小球员们在足协系统报名注册，这样不仅解决小球员的参赛资格，也解决俱乐部的联赛准入。只有在教育与足协"这两条腿"都支持的情况下，俱乐部青训体系搭建的基础才算是完善且稳健。

但目前的情况是，教育与足协这两个关乎俱乐部青训发展的"任督二脉"，由于各自的利益未能完全打通，束缚了俱乐部青训梯队建设的手脚。

目前中国青少年的比赛体系，主要分为教育系统主办的全国青少年校园足球联赛和中国足协主办的全国青少年足球超级联赛。其实，这两大赛事体系从本质上说目的是一致的，都是为了在中国青少年人群中普及足球项目，培养足球人口，提升足球水平，挖掘足球人才。

但是在两大赛事的实践过程中，由于教育部门规定，在俱乐部注册的球员不能代表学校参加教育系统的比赛，导致俱乐部的青训梯队球员身在校园却又不能代表校园比赛。

可能会有人说，不让梯队球员代表学校参加校园比赛就不参加呗，还有中国足协的比赛可以锻炼队伍啊！然而，只有做青训的人才能理解，小球员不能代表学校比赛将产生的影响：

（一）教育系统的比赛成绩是评价很多学校校园足球成果的直接依据，俱乐部梯队小球员在学校读书，但不能代表学校参赛，会导致学校无法通过比赛取得名次，那学校就会认为这些小球员占用学校的学籍资源，却没有产生价值，最终会影响俱乐部与学校的青训共建合作。

（二）俱乐部梯队的球员淘汰率很高，每年每个队都会有很多球员被淘汰，这些曾经在俱乐部注册过的小球员想重返校园联赛，但会因其曾在足协注册的问题而没有参加校园足球比赛的资格，这会影响到他们通过足球特长上大学，这也就会让很多家长反对孩子进入到俱乐部的梯队之中。

（三）俱乐部梯队的球员最大的教育问题会出现在"初升高"的阶段，一些踢球好但成绩达不到高中录取线的球员会被俱乐部合作的高中拒之门外，因此很多俱乐部都无法实现整支梯队全部升入合作高中的情况，这就会极大地影响到俱乐部梯队高中阶段的集中训练。

事实上，佳兆业在罗湖翠园中学的青训合作上，双方都在摸索一条突破目前政策局限的发展道路，而且也取得了一些成果，比如俱乐部梯队参加中青超的比赛，以"佳兆业翠园"的名称报名参赛；在梯队球员"初升高"的环节，翠园学校及区教育局设立单独政策，给予梯队球员升学的"绿色"通道，等等。

诚然，要真正打通青训这"任督二脉"并不容易，双方都有各自的理由和担忧，但只要出发点是一致的，目标是一致的，那么就会想到办法去解决这些问题，最终打破教育系统与体育系统在球员注册方面的壁垒，从根本上将学校、足协和俱乐部这三方的利益真正地捆绑在一起。

（一）减少青少年比赛数量，提高比赛质量。中国足协应与全国校足办共同推进两个系统赛事的融合和一体化，双方共认赛程、共商赛历。中国足协应该科学地考虑到青少年联赛的区域和赛程的合理性，适当降低小球员的比赛密度，控制好俱乐部的梯队比赛负担。

（二）对于教育系统担心俱乐部职业梯队的水平太高，在代表学校比赛时打击其他学校参与的积极性，可以通过让俱乐部与多家学校共建的方式解决。按照佳兆业俱乐部之前的设想，在与罗湖区的青训梯队共建模式成熟之后，可以将这个模式复制到其他各区，这样才能将俱乐部的青训规模铺开，搭建成从小学到高中梯队数量逐渐减少的梯队金字塔。

保护青训利益，关键在于执行

二、调整原青少年球员国内培训补偿年龄限制的内容

根据目前国内青少年球员培训开展的实际情况，并参考《中华人民共和国民法总则》中对具备限制民事行为能力的未成年人年龄下限为 8 周岁的相关规定，对《转会规定》中可获得培训补偿的起始年龄由原 12 周岁调整为 8 周岁，即：球员从 8 周岁至 21 周岁期间，培训过该球员的单位均可依据相关注册记录获得国内培训补偿费。球员 8

周岁至 11 周岁的培训补偿费用标准按照第四类别俱乐部标准计算。

三、调整国内青少年球员培训补偿费用标准

根据近年来国内青训投入总体情况与青少年球员转会市场价格，对《转会规定》中的培训补偿标准进行如下调整，即：第一类别俱乐部（中超）50 万元人民币／年；第二类别（中甲）25 万元／年；第三类别（中乙或 12—15 周岁）10 万元／年；第四类别（其他俱乐部或 8—11 周岁）2 万元／年。

——《（足球字 2018 号）中国足协关于调整青少年球员转会与培训补偿标准管理制度的实施意见》

联合机制补偿与培训补偿到底是个什么东西，很多人可能并不清楚，但从制定这些政策的目的与作用来说，这两者就是为保护青训机构的利益，刺激俱乐部等青训机构重视青训，建立起青训合理的利益格局。

联合机制补偿，就是在球员转会时，新俱乐部需要向该球员在 12—23 周岁期间所效力的俱乐部和培训单位支付联合补偿费用。这种补偿为不限期、不限次数的补偿，可无限获得。每次联合机制补偿的数额 =（新俱乐部支付给原俱乐部的转会费 − 培训补偿）× 5%。拿一名球员转会为例，转会费高达 6000 万欧元的奥斯卡，其年轻时候效力的圣保罗、巴西国际等俱乐部，也会从奥斯卡自切尔西转投上港的过程中获得补偿金，数额在 300 万欧元上下，约合 2300 万人民币。

培训补偿费用，即球员首次注册为职业球员时，其所注册俱乐部应当向该球员 21 周岁之前培训过他的所有俱乐部和培训单位，依据球员注册记录支付培训补偿。职业球员23周岁之前的转会都涉及培训补偿，之前效力的俱乐部和培训单位都可以获得一笔补偿费用。不过和联合机制补偿相比，培训补偿额度低，不累计。

联合机制补偿和培训补偿对于小俱乐部和青训机构来说，无疑是一笔非常重要的收入，但是在中国虽然有这些青训补偿政策，却在现实中很难落实。据我所知很多擅长培养青少年球员的俱乐部或足校，都没有收到过国内购买球员的俱乐部给予的相关补偿费用。

中国足协在推动俱乐部青训建设中扮演着非常重要的角色，其作用不仅是制定政策制度，更应该具有严格执行的手段，借助于信息化技术，规范俱乐部诚信行为、严查财务透明、完善注册信息等。只有中国足协强力做好对俱乐部的基础性监管工作，做好自己的"裁判员"身份，才能切实地保护俱乐部的青训利益，避免政策制度"束之高阁"，成为一纸空文。

青训不仅要靠俱乐部，足协也要有作为

"职业化"是为了刺激足球资本，促进足球产业的发展，但也要看到资本逐利会产生的两面性：好的一面是，资本会加剧向有足球市场基础或经济发达地区集中，快速形成俱乐部商务和青训的自我运营模式；不利的一面是，欠发达地区很难有资本愿意投资职业俱乐部，因此可能导致青训空白。

这样的话，就需要发挥中国足协的补充作用，在没有经济实力建立职业俱乐部的地区，由中国足协的青训系统发挥培养青少年的

作用。

其实，在全世界范围内，一个国家整体足球的青训规划和可持续发展也主要由足协来负责，即使在经济发达和足球发达的国家，足协还会通过自己国家足协级的区域足球青训中心，来完善整体的青少年足球的普及和提高工作。

考虑到中国国土巨大和各地区经济发展不平衡等问题，中国足球在职业化的同时，也不可能将青少年足球培养完全抛向市场，由职业俱乐部来解决，仍然需要中国足协通过各地区的足协组织，完成完善国家整体青训的平衡发展。

足球青训的发展是个笨功夫，也同其他产业一样，需要完善的顶层设计和基层的扎实落实，而这一切并没有多复杂，甚至可以学习复制中国培育其他产业发展的成功经验。

比如中国高新科技产业园区的建设发展，国家层面先做好了顶层设计和规划，各地落实国家政策并规划建设科技产业园区，为科技产业的发展提供了软硬件的双向保障。

所以，真正要把足球当作产业来发展，将职业青训向前推进，国家体育总局及中国足协仍需要为俱乐部的职业化发展和青训系统创造条件，其中最基础的就是训练场地和一些实力不足的小型俱乐部的训练辅导，这些需要国家层面在法规政策上予以明确，再由各地足协落实建设各区域的青训中心。

对于俱乐部青训的各项问题还有很多，比如最令大众诟病的"选材标准问题""教练水平和待遇问题""训练质量和硬件问题"等等，这些都是青训中的具体业务问题。站在一个俱乐部的管理者的角度来看，我认为只要明确了青训利益各方的"目标"和"站位"之后，才有可能通过管理和技术手段去解决青训业务上的细节问题。

归根结底，中国青训体系现阶段失败的实质是：在中国青训"专业队"时期的利益格局被打破之后，"职业化市场化的青训"的新的利益格局无法建立起来。在计划经济体制下的"专业队"时期，政府办足球队，旧体制的青训体系是有其自身完整关联的利益关系格局的，因此青训各环节中所涉及的各方在行政手段下，均能实现自己的利益主张。但职业化之后，青训体系已经打破了原有的行政体系式的利益格局，俱乐部要独自面对青训环节中的各社会要素，重新建立起各方的利益关系格局。然而，很多社会要素显然是不能市场化的，因此俱乐部在满足各社会要素的利益需求上就会难度重重。

青训离不开土壤，离开土壤的青训就像是"无土栽培的树苗，永远不可能长成参天大树"。

七、为啥越来越多的"外行"管俱乐部?

关于为啥使用"外行"来管理俱乐部,最为经典的回答应该来自恒大老板许家印。当年恒大刚开始搞足球,就有媒体向许老板提问:恒大为什么不用足球内行,而任用刘永灼这个足球外行来管理俱乐部?许老板就有了这么一段非常经典的回答:"这有什么意义?中国足球有什么成功经验?有经验为什么搞成这样?"

许老板看似随意的寥寥数语,却轻松解开了一个中国职业足球长期争论不休的"死结":谁算"足球外行",谁算"足球内行"。长久以来,很多人认为中国足球搞不好的原因之一,就是在于"外行在指挥内行"。

作为俱乐部的老板,许家印的这番回答却已经跳出了圈内固有的"足球内行"与"足球外行"之争的概念,他是从管理一家企业的角度在考虑足球俱乐部的管理运营,深层次地讲出了现代企业的发展,不是依赖于所谓"内行",而是要靠"管理和制度"。

这就带出很有意思的话题:"俱乐部总经理到底在管啥?"大多数

人的第一反应是："就是把球队那些球员管住!"这是社会对俱乐部总经理管理工作的很普遍的认识,其实这并不全面。从职业足球俱乐部管理者的角度来看,俱乐部总经理显然要涵盖球队管理,但球队管理只是俱乐部总经理管理工作中最重要的一个组成部分。

如果时髦一点说,俱乐部总经理就是现代足球行业中所称的"足球职业经理人"。这个群体是伴随着中国足球职业化的深入以及大资本收购俱乐部而逐步出现在这个行业内的。这些职业经理人大多都由投资方派到俱乐部任最高管理者,由于在中国对"足球职业经理人"并没有较为全面的定义,所以"足球职业经理人"与"足球内行"这两个概念就开始碰撞与纠缠在了一起。

比如我这个总经理,是被佳兆业集团董事局派到俱乐部的,也是一个真正从"外行"做起的俱乐部总经理,直到我"下课回家",关于我是不是"内行"的讨论也没停止。

所以,我觉得要将"足球职业经理人"与"足球内行"这两个概念的定义说清楚,才能搞清楚"为啥会有越来越多的外行管理俱乐部"。

> 内行,指对某种工作或技术有丰富经验;也指内行的人。
>
> ——来自百度词条关于"内行"的定义

"足球内行"这个概念,可以说自足球诞生之日起就有了。我的感觉是这个定义大致就是指"懂球":能看得出球员的能力水平和训练质量,能分析出对手和自己的打法阵型,能看透球队对内的各种关系和管理手段,到了联赛之中内行还能发挥圈内关系买到想要的球员，有各种人脉关系能影响比赛。

相较于"足球内行"，虽然完整意义上的"足球职业经理人"出现较晚，但其定义有章可循，毕竟"职业经理人"的概念在市场经济体系内是很清晰的。

在一个所有权、法人财产权和经营权分离的企业中承担法人财产的保值增值责任，全面负责企业经营管理，对法人财产拥有绝对经营权和管理权的职业，由企业在职业经理人市场（包括社会职业经理人市场和企业内部职业经理人市场）中聘任，而其自身以受薪、股票期权等为获得报酬主要方式的职业化企业经营管理专家。一般认为，将经营管理工作作为长期职业，具备一定职业素质和职业能力，并掌握企业经营权的群体就是职业经理人。

——来自百度词条关于"职业经理人"的定义

由此可见，职业经理人在企业管理运营中的工作内容和主要作用是：确立企业目标，制定战略规划；建章立制，创造最大价值；找准定位，顺应市场变化；建立平衡机制，塑造公司文化；传授管理理念，培养锻炼团队；制定发展战略，追求创新突破。

从以上的"内行"与"职业经理人"的两个概念的比较来看，在组织内的功能作用上，前者是专业技术人才，而后者则是管理人才。两者的概念在目前足球行业的价值上讲：一个偏向于"人脉和经验"，一个偏向于"制度和管理"。

有了以上两个概念的对比之后，再回头谈谈许家印说"为什么会派外行管理俱乐部"，就更容易理解了。我曾有过在恒大工作的经历，所以自认为对恒大的企业管理理念有较深的感悟。

我是2009年到恒大的，当时恒大正处于全国化战略的重要时期，短时间内恒大进入了全国很多主要城市，大量的管理人员也被派往外地。当时许家印并不会考虑外派到地区公司的董事长或总经理所从事的专业，看中的是一把手的管理能力和对企业文化的理解能力，而后给一把手配专业的财务领导和工程领导，这样地区公司的管理班子就搭起来了，并且保证了恒大的管理风格和企业文化在地区公司的落地执行"不走样"。

在足球俱乐部的管理上，许家印就是要用现代企业的管理理念来做足球俱乐部，即使当初任命了刘永灼这个"门外汉"做俱乐部董事长也是饱受非议，但恒大始终坚持了这一理念，才最终造就了恒大的足球王朝，同时也使刘永灼成了足球职业经理人的典范。

当然也有很多人会说，很多足球管理者不懂业务。其实，对于很多成熟的管理者来说，职业足球俱乐部业务内容的"技术含量"并不高，与很多传统产业公司相比也远远算不上复杂，只要肯沉下心来到一线去学习去了解，做到熟悉足球行业运行规律和规则并不是难事，难的是在面对具体业务时是否能坚持"管理制度和原则"。

因此，足球职业经理人，他们不一定会踢球，但他们学习了解足球行业规律，通过制度管理帮助和激发教练与球员的训练比赛动力，刺激营销人员不遗余力地提高俱乐部的盈利能力，团结所有成员为俱乐部的发展与球队战斗力影响力的提升而群策群力。

我不是说，所谓"内行"不能成为优秀的"职业经理人"，但就管理而言，应该全面地分析"内行"是否具备成为"职业经理人"的条件，因为对于"职业经理人"的要求和难度要远远大于"内行"，否则"职业经理人"群体也不会奇货可居、领取高薪了。

因此，对于足球俱乐部的管理而言，"懂球"的人并不一定是管理俱乐部的内行，没踢过球的人也并不一定是管理足球的外行。我认为，要成为合格的足球职业经理人，最难的是要懂企业管理，具有领导能力。

八、中国为什么缺少优秀的足球职业经理人？

中国足球职业化创造出了足球职业经理人群体，但中国职业化过程中的种种问题，又让足球职业经理人存在天生缺陷，因此与欧洲足球职业经理人相比较，比如 AC 米兰的加利亚尼、曼联的吉尔等人，中国还没有出现优秀的职业经理人，甚至有一种广泛的看法是，中国足球职业经理人已经是中国职业足球的一个短板了。

为什么会产生这样的观点？我作为足球职业经理人，经过反思和总结，认为大致应该有以下几点原因：

（一）只有充分市场化的产业和具有现代管理制度的企业才是产生优秀职业经理人的基础，各行各业都是如此，职业足球也不例外。

我们的足球在职业化市场化之初，经历的"体制交替"并不彻底，因此在足球行业和俱乐部里都残留了很多行政体制的影子，职业俱乐部的产权都不清晰，这个阶段俱乐部经理人的身份也是模糊的，因此不能算是标准意义上的职业经理人。

2005 年中超公司的成立，算是中国足球职业化在形式上又向前迈了一步。但职业化的实质并未改变，职业联赛的产权和经营权仍未清晰，比如中国足协占有中超公司 36% 的股份，根据章程规定重大事项表决必须有达到 66% 以上的股份同意，因此仍是中国足协把控了绝对话语权；再比如在商业开发方面就对俱乐部进行了很大的限制，大部分商业合同必须由中超公司统一签署，其中包括禁止各俱乐部和汽车、通讯、电子、家电、啤酒、饮料等行业的产品单独签订赞助合同，还有包括球衣赞助、转播权及场地广告分配等权益。

俱乐部所处的职业联赛现状，让标准足球职业经理人"五行总缺一行"，很难全面地谋划俱乐部的发展。

（二）只有足球投资人的长期稳定战略，才能培养出优秀的足球职业经理人。我们足球投资的现状是投资人根子里"没把足球当生意做"，因此只关注眼前的成绩和利益，把搞足球与出成绩变为投资筹码，因此对足球投资产生以下三个很不好的影响：

首先，足球只是个投资人的工具，要么因为没有达到投资目的，随时可能撤走，要么缺乏战略研究和准确定位，盲目投资加重负担造成破产，最终结果导致俱乐部老板的更替太过频繁，职业经理人还没培养起来就已经"夭折"。

其次，很多投资人在寻找职业经理人时，看重的不是对俱乐部长期发展的管理能力，很多寻求的是短期见效的"内行"，就是"圈内有人脉、熟悉潜规则、懂运作"的所谓"圈内能人"，最终造成职业经理人的选材不当，无法具备培养成为职业经理人的基础条件。

最后，我们不重视足球实践的研究，没有产生有影响力的职业足球管理理论基础，这在很大程度上影响了足球职业经理人综合素质的培养。

　　总而言之，足球产业越发达，足球职业经理人的角色就越重要。中国职业俱乐部要产生优秀的职业经理人，俱乐部老板要"把足球当门生意做"，要"把俱乐部当企业做"，对职业足球的发展就有了长期规划，就有足够的耐心去培养出"足球职业经理人"了，同时也就会有更多具备优秀条件的管理人才愿意进入和长期从事这个行业，最终能促进足球产业化发展，从而反向促进社会和科研资源愿意研究足球职业经理人的理论与实践基础，进而形成科学合理的培养机制。

九、领队在球队里是干什么的？

在俱乐部的管理岗位中，我认为最不清晰也最容易产生争议的是"领队"。这个职务诞生于"体工大队"模式下，有着很强的体制特色，而足球职业化后，俱乐部依然沿用了这个岗位设置。其实我认为这个岗位的名称叫不叫"领队"并不重要，重要的是怎么定位这个岗位的工作内容。

长期以来，领队被当作是一个球队的日常管理者，甚至是为了训练比赛等业务工作而设置的，且被赋予具有体制色彩的"球队政委"功能，负责做球员思想工作以团结队伍。可想而知，在"专业队"模式下领队与教练在队内都是非常重要的岗位。

受"专业队"体制的影响，时至今日很多俱乐部的领队大都为球员或教练出身，传统上认为他们更"懂足球业务""了解球员心理"，因此在做球队训练比赛安排上和思想工作上属于"内行"，具有有利条件。但从很多俱乐部的现实效果来看，尤其是大量聘用了外教之后，很多时候领队并没有能起到"稳定军心""团结队伍"的作用，反而与主教练产生了很多矛盾。

随着足球职业化市场化的深入，特别是大企业进入职业足球后，越来越多的职业俱乐部开始重新定义领队的岗位职责，其功能作用也发生了实质性的变化。毕竟从管理的角度上看，一个组织出现"双头"管理和影响都是极不稳定的，现代企业管理理念植入到俱乐部管理后，更是应极力避免这种情况的发生。

目前一些大俱乐部将领队定位为：球队内除教练业务外的各工作人员和各项工作的管理者和负责人，根据主教练的训练比赛计划安排落实球队日常工作，同时也会在队内落实总经理的工作计划。因此，领队的工作汇报对象为：总经理和主教练。

根据领队这个岗位的工作定位，就产生了对其工作能力的要求，必须能够熟悉俱乐部管理制度和分工流程，具有很强的业务整合能力、人员管理能力、计划制订能力和文字及语言沟通能力。这些要求对于领队这个管理者来说是很专业的，需要有丰富的管理经验和知识储备，单就每周一份向总经理提交的工作计划安排，就已经让很多球员出身的领队无法胜任了。因此现在各大俱乐部的领队人选基本上都是出自俱乐部内培养的管理人员，比如广州恒大和广州富力等俱乐部。总体来看，这些大俱乐部的领队在球队管理服务领域都较好地实现了俱乐部的管理预期。

"那由谁去负责做球员的思想和团结工作呢？"球队的团队思想建设当然非常重要，一支思想不统一的队伍无法打胜仗，因此把这项工作内容从领队的工作职责内适度剥离后，必须要有人承担起这项工作。那这个人应该是谁？我认为应该是总经理！对于俱乐部和球队情况的掌握，谁都没有总经理全面，谁也没有总经理具有做思想工作的权威性，而且主教练也不会因为总经理的工作而产生"联想"。

厘清"领队"这个岗位职责，是职业俱乐部管理理念的体现，对球队的建设有积极意义。

十、总经理与主教练应该是种什么关系？

中国职业足球俱乐部中"总经理"与"主教练"到底应该是怎样的管理关系？这是职业俱乐部管理体系中最为核心的管理关系，也是中国很多俱乐部长期"撕扯来撕扯去，还扯不清楚"的老问题，这也反映出中国职业足球管理体系尚处于发育期，处于管理理念与管理实践逐渐结合进而成型的关键阶段。

向先进学习，是最简单的方法。我们眼前就有欧洲五大联赛职业俱乐部的先进管理经验，但仔细研究我们也会发现即便是这么小的欧洲，各大联赛的职业俱乐部管理模式和职业经理人的工作侧重也各有不同，比如意甲的职业经理人更偏重于竞技，而英超的职业经理人则偏重于商务。

哪种模式才是中国职业俱乐部足球管理体系的解决方案呢？

我认为，欧洲各大职业联赛之所以形成了各不相同的职业经理人管理模式，根源还在于各自联赛不同的文化传统、管理理念以及俱乐部体制沿革，所以中国俱乐部的管理模式也不可能脱离中国的独特文化传统、社会经济体制及俱乐部股份结构，而一味照抄照搬欧洲某一豪门职业联赛俱乐部的管理模式，来解决中国职业俱乐部的管理体系问题。

目前在中国职业俱乐部中，能将"总经理"与"主教练"两者的管理关系有较为明确描述的是广州恒大的管理模式：董事长领导下的主教练负责制。

但对于这个管理模式，各方却有不同的理解，很多媒体认为恒大管控模式的核心是"专业的人做专业的事，董事长总经理不插手主教练的业务"。而更为极端的解读是：主教练在球队引援、队内管理、球员使用、战术安排等业务环节具有绝对权力，总经理乃至董事长只是负责服务好主教练和球队，做好俱乐部的各项后勤保障工作。

但我从一名职业足球从业人员的角度看，这样的解读并不全面，前半部分"专业的人做专业的事"讲的是业务分工，但大多数人忽略了，"董事长领导下的"这个管理分工。因此，恒大管理模式应该是：第一是明确肯定了主教练在训练比赛等业务领域的关键作用，树立主教练在球队内的绝对权威地位；第二还要注意的是"董事长领导下"，董事长不仅要保障球队，还要负责最终决定，要对整个俱乐部发展负责。

也许有很多人不认同我这个解释，中国有句老话叫"听其言不如观其行"，所以我们可以从恒大的许多实际行动中看到实质。

先看引援，这几个赛季来，恒大正在朝着年轻化的方向发展，引入了大量的年轻球员，这些球员显然不都是主教练——圈定的，而且明确压缩外援上场人数，这也肯定与主教练想出成绩的初衷不符。

再看对球员的处罚，恒大历来是以"重奖重罚、赏罚分明"著称，近几年对自家球员动辄"上百万加停赛"的处罚，很明显也不是主教练所能做得了主的，据说有很多不仅是总经理拍板甚至还是许家印直接下令执行的。

最后说说对球队的思想工作，恒大确实能做到管理层不进更衣室，保障了主教练在球队的绝对权威，但对球员教练"红红脸出出汗"式的管理会议却没少开。这些会做得比较好的一点是"确实没有讲训练比赛的具体业务工作"，但对精神态度可是要求很严，所以还是做到了"更衣室外"对球队的管理不放松。

从这几个方面来看，恒大的主教练负责制是在管理层给予明确方向要求下的主教练负责制，不是没有约束而是有明确的要求。

可以说，恒大这个"董事长领导下的主教练负责制"，是中国职业俱乐部首次将"总经理与主教练管理关系"明确地写进了管理制度，是中国职业俱乐部管理模式的有益探索。

我认可"董事长领导下的主教练负责制"这个管理模式，不光是因为恒大足球成绩突出，而且还有我多年的管理实践。主教练作为一线队的负责人，是球队训练比赛的业务专家，对一线队战绩负责，这点必须明确和尊重；主教练对球队的管理有绝对的权威，球队都有明确的队规队纪，主教练完全可以根据规定处罚球员，涉及严重违规者则要上报俱乐部由总经理拍板执行。

俱乐部的长远运营建设涉及的方面很多，要制定明确的战略定位，要有战略计划，要有球队战术打法延续，要有财务预算，要有人力资源整合，还要有科学系统的管理，这些都是总经理必须完成的。

而且鉴于目前中国职业足球俱乐部股权结构通常为一股独大的情况下，只有总经理能对投资人的投资任务负责，并起到"上传下达"的作用。

所以我认为总经理对主教练的管理主要是三大部分：一是在俱乐部预算范围内及球队建设理念下，由主教练提出引援大名单及战术体系，经过与总经理及董事会的研判后，最终确定执行；二是对主教练日常工作的管理，主教练应该提交每周的训练计划、训练重点、本周比赛思路和安排及赛后总结，以确保能完全清晰地了解主教练的工作思路及质量；三是主教练要提交阶段性的球队总结报告，以便对工作及联赛状况反思及改进。

十一、俱乐部与球迷到底是种什么关系？

要问"中国职业俱乐部与球迷"之间是一种什么关系？最经典的大概会有这么几种说法：水和鱼的关系，没有水就没有鱼；球迷是职业俱乐部的衣食父母，没有球迷看球，球员就没有饭吃。

如果把这几个观点放在欧洲，我认为是成立的，欧洲的职业俱乐部都是诞生于当地社区，经过漫长市场化的发酵与演变，与当地社区和文化高度融合在一起，进而建立并形成起了一整套全民遵守的完备全面的游戏规则，比较有代表性的就是：西班牙会员制俱乐部和德国职业足球的"50+1"规则。这也导致球迷对俱乐部具有高度的归属感与忠诚度，同时球迷的消费也成为支撑职业俱乐部发展的主要源泉。

西班牙会员制与球迷的紧密关系

会员制俱乐部，就像红十字会那种非营利机构，没有股东或者老板。目前在西班牙职业联赛中，只有四家会员制俱乐部，分别是大名鼎鼎的皇家马德里、巴塞罗那和毕尔巴鄂、奥萨苏纳。

因为会员制俱乐部没有老板，所以不属于任何人，也就没有任何需要分红的对象，保证所有的收入都花费到俱乐部本身。会员可以投票选主席，如果掌管主要权力的主席瞎折腾导致经济和竞技出现各种问题，会员们是可以在他任期结束时投票另选他人，或者干脆直接发起弹劾案赶他下台的。和有限公司制相比，会员制俱乐部更贴近球迷。而有限公司制俱乐部既然有所有者，自然会更像是私人企业，而不是"我们的俱乐部"。

会员制虽然是足球俱乐部最本源的样子，但会员制俱乐部具有"球队花钱，会员埋单"这样的天然特点，俱乐部管理层很难在财务问题上绷紧"量入为出"这根弦。到上世纪80年代后期，负债累累成了众多西班牙俱乐部的共同特征，"没有老板"所带来的利弊决定了从整体层面上并不符合现代足球的发展规律。最终西班牙政府于1990年颁布特别法令，要求俱乐部必须要改组成为责任有限体育公司，变成有一定注册资本的经济实体。

德国足球独具球迷传统的"50+1"规则

1998年10月，德国足协表决通过了50+1规则，其中最为核心的一点就是：在保持会员制的基础上，一家体育俱乐部拥有自己的足球部门，并且在该股份公司中"具有多数参与权"。这个"多数参与权"保证了俱乐部会员在俱乐部事务的决策中拥有超过一半的表决权。

也就是说，不管投资者拥有多少俱乐部的股份，即使是100%，你的决策权也是少于50%的，而球迷会员则拥有超过50%的表决权。这就决定了德甲的俱乐部在做决策的时候，要坚持少数服从多数的原则，由投资者和俱乐部的会员们共同做出决定。

德国职业足球的"50+1"规则实质上是控股权与表决权的不对等。"50+1"的存在，让德国联赛始终是一个球迷的俱乐部联赛，而不是纯粹的商业联赛，故而也严重限制了俱乐部的经济运作。"50+1"可以保证俱乐部的资金稳定，运营健康，同时也将德国足球的核心权力交给了球迷。

欧洲足球俱乐部基本上都经历了由球迷产生的会员制俱乐部，再经过商业联赛的不断演进而形成了公司制俱乐部的过程。而中国足球俱乐部是通过地方"专业队"职业化后，再变为了企业化的俱乐部。

计划经济时期，体育更多是以"为某地争光"的行政目标而组建的"专业队"形式存在，与广大人民群众的日常生活并不密切。我国人民对体育的理解更多的关注点在成绩和金牌这样的竞技层面，而对体育所体现出的教育意义、社会文化意义以及商业意义认识并不深刻。

近些年随着我国社会经济的发展和人民生活水平的提高，群众体育和职业体育开始逐步发展，但整个社会的体育文化、体育意识以及体育商业化开发的整体水平仍不高。总而言之，中国还是一个缺乏体育文化和体育传统的国家，无论是从业者还是爱好者对体育和足球的整体认识都还比较肤浅。

因此，我们职业俱乐部的诞生不是"至下而上"的，是"至上而下"的，缺乏球迷文化的基础和充分市场化的酝酿，就不能形成俱乐部各关联方基本认同的游戏规则，因此造成了球迷对职业俱乐部的决策有强烈的参与热情，却又无从下手，或是不得要领，或是适得其反，实际上反映出的是，中国职业俱乐部不具备让球迷参与俱乐部决策的基本条件。

说了这么多，那职业化后，中国职业俱乐部与球迷到底是啥关系呢？我认为是一种相互依附相互利用的关系，是一种影响力依附关系。所以，当俱乐部成绩很好和影响力很大的时候，球迷就越来越多地聚集在俱乐部旗下，两者关系的主导权由俱乐部来掌握；而当俱乐部成绩糟糕和影响力日趋下降的时候，球迷也会越来越多地离开俱乐部，这时俱乐部又会花很大的力气去招揽球迷，因为俱乐部需要更多的球迷来捧场。

中国这种具有较为独特关系的球迷，缺乏商业开发的价值，没有多少球迷养成了购买正版产品的消费习惯，俱乐部根本无法在比赛日产生收入；甚至一些俱乐部为了达到社会影响或是稳定球迷情绪的目的，还会在球迷身上"倒贴"大量经费，博取球迷的"好感"，在球场上营造"表面"上和谐热烈的球迷助威气氛。

但我认为，虽然这种依附型的关系是中国职业足球的特色或阶段性特点，但并不健康，也不长远，而且短期内造成了很多规则的破坏，导致更健全健康的游戏规则意识无法形成。

建立起健康良性的球迷关系，首先，需要中国职业足球俱乐部在球迷工作中进行长期的市场培育与经营，要求管理层和球队能通过各项规范的活动，真正融入到城市和社区之中，培养球迷对俱乐部的认同感；其次，健康良性的球迷关系建设中，最重要的部分是规则意识的建立与坚持，只有在双方都认同的规则基础上，才能做到球迷与俱乐部的正常互动。

　　需要强调的是，俱乐部与球迷两者间规则的建立，不仅是约束球迷的行为，也是对俱乐部行为的约束，更有利于确定俱乐部与球迷的共同目标，产生长期共生共荣的基础。比如，球迷参与俱乐部一些决策的过程、球迷参与票务价格制定的政策、对球迷在体育场内限制区域的管理，必须要有明确的制度。在这样加强了规则意识后，会因为知道"足球的行为边界"，而让俱乐部管理工作人员与球迷保持在一个非常合理的距离之内，产生更多的理解和认同。

十二、谁是总经理最忠诚的"朋友"？

　　诺贝尔奖获得者、管理学家西蒙认为："管理就是决策，决策是管理的核心。"可见，培养科学准确的决策能力，是总经理必备的职业素质和职业能力。决策和预测有着密切的关系，预测是决策的基础，决策是预测的延续，因此，总经理更要具备准确的预测能力。通常来说，总经理需要从各种渠道获取准确的资料、信息和数据，作为预测的依据进而做出判断和决策。

　　考验职业俱乐部总经理管理决策的工作主要分为两大部分：一部分是俱乐部行政管理与商务开发方面的决策，该方面与其他行业大致相同，不用特别分析；另一部分是针对球队引援及球员管理的决策，该方面工作具有职业足球行业的特殊性，因此接下来就主要讨论这方面工作的预测及决策。

　　对于总经理来说，管理主教练和球员始终是一个非常难以把握的难题，由于方法太多太杂且获取的资料无法量化，造成管理的效果不佳，反而会落下了"外行瞎指挥"的批评。但是随着科技水平日益提高，数据采集变得越来越容易，以大数据为基础的分析报告正在改变总经理的这个管理难题。

数据的最大好处是"不会说谎"。当能够收集到足够多的数据后，我们根据这些数据所作出的判断就会越来越准确。因此，在目前职业俱乐部的日常训练和比赛中，数据采集穿戴设备已经普遍应用，这些数据成为评价球员训练质量的重要依据。通过专业的数据采集公司，职业俱乐部还可以购买到自己、对手或目标球员的比赛数据，这对于总经理和主教练的比赛判断和引援决策起到越来越重要的作用。

数据还成了总经理这样的"外行"快速进阶为"内行"的工具。长久以来，总经理干预球队被诟病为"外行指挥内行"的表现，业内更多的是强调"专业的人做专业的事"。但根据目前行业最认可的恒大俱乐部管理模式"董事长领导下的主教练负责制"的实质，可以清楚地表明，在"专业人干专业事"的前提下，俱乐部总经理的管理是必不可缺的，即便是球队和主教练，也必须在总经理的领导之下，这才是一个健全的正常的管理组织。

大数据时代的到来，正在让更多的足球职业经理人在管理主教练和球队上找到了"着力点"。

（一）比赛的数据分析报告成为总经理管理主教练的工具。总经理可以根据主教练赛前提交的比赛战术及球员部署进行比照，从而发现哪些位置或哪些环节是否达到主教练的预期目标，也能对场上战术应用及球员的表现有个合理的评判。

（二）数据分析报告成为总经理与球员"思想工作"的基础。总经理承担起"球队思想工作"的职责，但不可能只是通过"拉家常"和"讲大道理"来同球员谈话，球员的训练和比赛数据会让总经理的球队管理落到实处，通过剖析数据反映出的问题，帮助球员解决竞技或心理问题。

（三）数据分析报告成为总经理判断引援决策的依据。认真分析目标球员连续几年在比赛中的各项详细数据，会为引援提供科学参考，避免出现"凭借简单的感觉和经验"的传统引援思维。

事实上，数据分析在职业体育领域的应用，在发达体育市场已经非常普遍，且有许多成功的案例。职业俱乐部越来越重视数据分析功能，很多俱乐部加大了在数据采买方面的投入，并且专门成立了数据分析部门直接为总经理的决策提供参考。

在许多职业体育中数据分析取得成功的案例数不胜数，最为经典的例子来自美国职业棒球大联盟（MLB）。奥克兰运动家棒球队的总经理比利·比恩（Billy Beane）从 2001 年起便采用统计和数据分析的方法，目的是运用最少的资金购买配置那些被其他球队低估的球员。尽管新的方法受到了不断的指责和反对，但是最终他还是让这支"怪异"的团队创造了美国职业棒球联赛中最长连续获胜纪录，一个联赛就取得了 103 场胜利。

比利·比恩所采用的分析决策方法就是把各数据收集、分析及评估，甚至引申一些全新的统计，来优化现有的数据系统。用深入的数据分析来评估及预测球员和球队的表现，当然各有见解。而实际上，这种方式不仅普及于棒球这项运动，甚至在其他运动领域也取得了一定的成功和认可。

随着中国足球职业化市场化产业化的深度发展，科技工具将被俱乐部广泛重视及大力利用，可以预见，数据成为总经理管理最忠诚的"朋友"，并彻底改变职业俱乐部的管理思维模式。

十三、职业俱乐部管理中最需要哪项修炼？

从生产的角度讲，如果控制不住过程，就一定不能保证结果，在工业化大生产中，过程管理的指标逐渐变得标准化、流程化及可量化；而到了信息化时代，越来越多的管理工具被应用于过程管理之中，而且这些工具与信息技术相结合后演变为智能化、数据化。

所有的现代企业都非常重视管理，成熟的管理不仅保证品质，也能提升核心竞争力，进而保证盈利水平。这点对于作为现代企业的职业足球俱乐部也不例外，没有对俱乐部过程的管理，不可能实现最终的计划目标，所以必须要重视"计划管理"和"流程管理"。我还要强调的是，俱乐部的过程管理不仅是指管理俱乐部的行政办公室系统，还有各级教练团队，包括一线队的教练团队。

TÜV 莱茵体育、德国 SLC 体育文化管理有限公司董事长马致中（Prof. Dr. Alfons Madeja）的观点是"足球所有的结果都是必然的"，已经足以说明流程管理对俱乐部的至关重要的作用。

虽然职业足球俱乐部都在强调管理与服务，但真正到实际工作中落实"计划管理"与"流程管理"的时候，就暴露出许多矛盾和问题，深究其原因则是"冰冻三尺非一日之寒"。长久以来，中国职业俱乐部只重成绩不重管理过程的结果产生了很复杂的影响：一是成熟完善的管理体系建设没有搭建起来；二是伴随人员的流动性强而没有形成管理知识的沉淀和提升；三是因人员的高频率流动而没有培养出懂业务的高水平管理人才。

近些年来，大型企业收购足球俱乐部后，俱乐部在财力与人力得到保障的基础上，管理理念也得到了更新，尤其在计划管理和流程管理上得到了充分的体现。但我认为，目前职业俱乐部在这两个模块的管理上仍然暴露出了以下一些问题：

（一）"计划管理"的盲目性。计划管理也被认为是目标管理，要解决的是目标和资源之间关系是否匹配的问题，计划管理由三个关键元素构成：目标、资源和两者的匹配关系。

目前职业俱乐部在制订自身的计划目标时，大多来自投资人的"拍脑袋"决定，很少会经过认真分析是否有足以支撑目标达成的资源，因此目标的设定存在盲目性。

当然足球即使在资源不够支持的情况下，也有一定的偶然性，可以创造奇迹，但很难存在持续的偶然性，除非出现了颠覆性的理论体系，比如奥克兰运动家棒球队的总经理比利·比恩（Billy Beane）采用统计和数据分析的方法，完全颠覆了之前美国职业棒球俱乐部的运营管理理念。

即使在设定计划之后，我们的职业足球俱乐部依然缺乏计划分解的能力，尤其是在各级球队教练组的计划管理中最为明显。从年度计划，到月度计划，再到每周计划，只有详细且可执行的计划管理，球队训练的质量与目标才能得以保证。而目前来看，我们各级球队在计划的制订上缺乏实际内容和严肃性，而落实到周计划等细节时又缺乏可执行性，最终会使俱乐部在管理上难以对目标达成产生判断。

（二）"流程管理"产生分工却无法形成协同。要提高俱乐部的工作效率和质量，关键要靠流程管控。在俱乐部行政办公室系统内，虽然有明确的业务流程依据，但由于各种业务需要多部门协同工作，会因为各职能部门自身利益的原因，都只关注本部门职能的完成程度和垂直性的管理控制，部门之间甚至各部门员工之间往往会因为分工问题，缺少完整有机的联系，由此导致俱乐部总体效率下降。

解决这一问题的根源在于俱乐部倡导一种什么样的绩效考核和企业文化，是一荣俱荣，还是一损俱损。必须在绩效考核上以最终结果为导向，这其中最重要的环节就是中层管理人员的观念转变，激励每个员工参与流程再造，采取重视员工的建议等方式完成管理改变。没有这样的文化氛围，流程管理只能是流于形式，徒有流程设置和分工设置，却无实际效果。

（三）用流程管理培养出专家。完善的流程管理制度，先是来自工作人员长期的工作积累下的经验总结，然后再将这些工作流程及标准形成文字记载下来。但由于目前许多俱乐部工作人员的流动频率很大且综合能力不高，因而很多流程管理都没有能成为文字性的总结，继而影响了俱乐部管理水平和工作质量及效率的提升。

（四）重视信息化工具对流程管理的巨大作用。工作可以被标准化和流程化，就一定能被工具化，也一定能被智能化。信息技术的发展，让管理多了更多可以借助的工具，企业信息化系统的广泛应用极大地提高了管理的效率。但职业俱乐部在专业信息化管理工具的使用方面显得落后很多，在我看来已经成为职业俱乐部管理水平提升的主要缺陷。

如前所述，职业足球俱乐部的业务内容有其特殊性，不可能完全适用于其他行业的流程管理制度和信息化管理系统，但在长期的"只重结果不重管理"的理念影响下，使很多俱乐部宁愿多花钱在"购买球员、与欧洲豪门品牌合作"等方面，也不愿意投入预算提升管理工具，长期来看会给俱乐部的稳定健康发展带来潜在风险。

十四、成绩是不是检验俱乐部成功的唯一标准？

　　对成功的评判标准，往往会使人们彼此间争论不休，是一个非常复杂而又多元的话题。但要评价现阶段一家中国职业足球俱乐部是否成功，几乎全社会都会给出一个统一的答案，那就是"成绩"，当然最好是冠军，而且还是几连冠！

　　成功本来是个内涵较为复杂的概念，但在职业足球面前却做到了"化繁为简"，不得不说也是个奇迹。那成绩是不是标准呢？对于职业俱乐部来说，毋庸置疑是一项过硬的标准。一家俱乐部的好成绩可以带来声誉、品牌和金钱，而且在纷繁复杂的成功标准中，成绩是大众对俱乐部最直观的感受，因此，用"成绩"来衡量一个职业俱乐部的成功与否也是最容易的选择。

　　但作为职业经理人来看，仅仅用"成绩"来评价一家职业俱乐部的成功与否是不全面的。我认为造成如此单一评价标准的原因有二：一是社会大众没有摆脱将职业俱乐部看作是一支球队的固有思维，而没有将俱乐部看作是一家企业，更没有将职业足球当成产业发展来看；二是我们社会思想中长期以来已经形成了"单一评价"思维，也影响了大众对于成功的理解与认知，比如对于小孩是否优秀，评价标准也只有是否考上 985 高校这一条等等，类似这样的单一评价标准存在于我们社会中的很多领域。

人们根据冠军头衔对我们进行评价是一件好事，它当然是重要的。冠军确实相当重要，但对管理者而言，并不是唯一的。我想看看球员们是否比上赛季更好，我们的比赛方式，我们在糟糕时刻的反应。我们作为一个团队如何处理它，如何使新球员安顿下来，还有很多事情，不仅仅是"赢得冠军好，不赢得冠军不好"。

——曼城俱乐部主教练瓜迪奥拉

（一）从企业和产业发展的角度来看，"成绩"并不能完全代表俱乐部的成功。

仅仅用"成绩"来衡量一家职业俱乐部的成功，就如同我们用"规模"来衡量一家企业是否成功一样。很多人以为企业只要大了，就是成功的。在这种社会评价导向的带动下，中国许多企业大干快上，想方设法扩大规模和加速发展，最好能尽早排进世界上最大的 500 家企业行列之中。

这样的情景在现今的中国，确实看到了不少，许多中国企业创造了"N 年奇迹"的业绩，在极短的时间里，以极快的速度，使企业的产值、覆盖区域、市场占有率膨胀起来。

我们已经看到了不少企业借助外部资金杠杆，以极短时间取得了极好的"成绩",也实现了"大",却在市场竞争中没有体现出技术、模式和管理的核心竞争力,遇到市场风险极易出现危机。

因此,通常来说,在做企业的领域评判一家企业是不是成功,或许不能仅仅看它的规模。将企业做大,可能只是营业额的大,而其核心技术或经营模式是否具有竞争力,会更具有参考价值。

对于做企业来说,不是跑百米赛,而更像是马拉松。衡量企业成功的标准应该是活着,靠独特的盈利模式或商业模式能活得长久,这才是成功的企业。

对比之下,如果一家职业俱乐部短期内取得了辉煌的"成绩",但作为一家自负盈亏的经济组织,始终处于不赚钱的境地,我们很难认同这家俱乐部是成功的,因为这不符合商业逻辑。

再从足球产业的发展来看,充斥着大量只追求"成绩"而忽略自身商业价值建设的俱乐部的职业联赛,也是不会带动起整个足球产业的发展的。

所以让我们仔细想想,如果一家俱乐部取得了冠军甚至是几连冠,但短则几年长则十几年就消失了,那还能说这家职业俱乐部是成功的吗?

（二）从社会"单一评价"标准所产生的弊端来看,多样化的社会评价标准更加有利于俱乐部的健康发展。

虽然"成绩"对于职业体育来说是非常重要的一个评判指标,但长期以来我们习惯了以"成绩或结果"作为衡量一支球队或一家俱乐部的成功与否,这种单一评价标准已经在我们的职业足球领域产生了许多的弊端:我们的职业足球失去了培养青少年球员和培育消费市场的"耐心和规律","急于求成、急功近利"的心态更是让职业足球在青少年赛事阶段就过早地充斥着"造假与金钱",最终造成了俱乐部一线队的水平下降。

我们目前急需的是改变单一评价标准所带来的弊端,回到足球规律与本源上来,尊重职业足球对人民精神文化生活和国家足球产业发展的价值,需要建立起多样化的评价体系,对于目前中国足球职业联赛的发展非常重要。

就如同十几年前某些地方政府将 GDP 作为唯一考核标准,唯经济指数"独尊",实际上是片面地把现代化过程理解为物质财富增长的单维度过程一样,把"成绩"作为足球俱乐部成功与否的唯一标准,也是片面地把职业足球的深层次和全面化发展含义理解为简单的"表面风光"。归根结底仍是因为中国职业足球俱乐部也在经历自身发展的必经阶段,从三十年前开始的"职业化转型阶段",到目前正在进行的"深度职业化市场化阶段",只有那些彻底完成现代企业管理并形成自身商业模式的中国职业足球俱乐部,才能算作是成功的职业俱乐部。

我认为,长期健康生存下来的俱乐部才是成功的,这样的俱乐部必须具备这几个特点:以现代企业管理制度来经营管理的俱乐部;具有明确的定位及商业经营模式;形成了富有凝聚力且不会随意改变的俱乐部文化;较为稳定的联赛成绩。

所以"成绩"固然是考量一家职业俱乐部是否成功的一项指标,甚至在一个阶段内是唯一指标,但我认为,全面来看,不能将其放在第一位上,更不能成为唯一的指标。

十五、什么是一家职业俱乐部的核心竞争力？

如果询问"什么是俱乐部的核心竞争力"，我估计大多数答案将会涉及以下几种："是球星，没有球星不可能赢球"，"是主教练，没有高水平的主教练就没有高水平的技战术安排"，"是老板和金钱，没有投入球队连生存都难，更别说出成绩了"等等。

华为创始人任正非认为，资源是会枯竭的，唯有文化才会生生不息。因此他曾说，华为要实现管理变革，必须摆脱三个依赖，对技术的依赖，对人才的依赖，对资金的依赖，才能让公司走向长治久安。

我们很难想象一家被球员、被教练"绑架"了的俱乐部，能有什么核心竞争力。把俱乐部看作企业的话，企业初期的发展肯定是靠老板、靠能人，而后就是靠管理、靠模式，最后肯定得靠文化。

《基业长青》一书认为，能够让企业不断战胜挫折、渡过难关的只有企业文化。只有企业文化才能凝聚员工，才能使他们和整个企业齐心协力共渡难关。好的管理方法和模式最终都要上升到企业文化，只有成为一种企业文化，才能长久发挥作用和效益，否则这类管理方法和模式只能是解决临时的问题，也只能发挥临时的功效。

一般来说，企业管理要经过经验管理到科学管理，最后都要上升到文化管理。文化管理是建立在科学管理之上的一种管理方式，是通过对科学管理的肯定和否定建立起来的一种管理模式。文化管理同时还包涵了科学管理的一部分合理内容，比如科学的决策机制、严格的制度管理、追求最大的工作效率等。

可以说，企业文化是企业竞争的终极较量。尤其对于职业足球俱乐部而言，文化更是最终的核心竞争力，优秀的俱乐部文化不仅能团结球队、克服困难、战胜强敌，而且也是俱乐部长远发展的精神信仰与基石。

"内外交织"组成俱乐部文化

由于足球本身就是一种文化符号，而且足球行业有着广泛的社会参与度及舆论影响力，与生俱来的带有着浓厚的文化标记，因此一家俱乐部文化的形成要比传统行业的企业更为复杂。

职业俱乐部是足球文化最直接的载体，因此除了俱乐部自身管理制度等会带来的价值导向外，还有诸多俱乐部外的价值观念也会在俱乐部这个平台上交织在一起，选择哪种价值导向或抛弃哪种价值导向，终将变成这家俱乐部的文化根基。

中国职业足球俱乐部文化形成的影响因素虽然复杂，但仍然可以"化繁为简"，可以通过内部与外部两个形成因素，去探讨和总结俱乐部文化形成的最主要方面。

首先，我们先总结现阶段中国职业足球俱乐部文化形成的内部因素。

第一个内因，俱乐部领导人对俱乐部文化的形成起到主导作用。我曾经与一家职业俱乐部的老板交流管理，他只告诉我一句话："我如果不按规则做一次，那么球员教练可以破坏规则十次。"对中国企业文化形成的研究，基本上都会得出一个较为统一的观点：现阶段中国企业的文化就是领导人的文化。一家企业的企业文化之根源，是企业领导人的价值观念和管理方式的体现。

推而广之，对于目前俱乐部的文化建设，起到绝对塑造作用的也是俱乐部老板或是总经理——这要看是谁在管理这家俱乐部，如果是老板直接管理，那塑造这家俱乐部文化的就是老板；如果是职业经理人在直接管理，那就是职业经理人在主导文化的形成。

听其言观其行，俱乐部的球员教练可以说是最会"察言观色"的一个群体。如何能将俱乐部所倡导的价值观念和管理要求"从墙上或纸面上落实到心里"？俱乐部领导者在日常工作中的决定，将会使俱乐部的管理制度与价值导向鲜活地展现在全体员工面前，并起到很强的"示范效应"，这将是俱乐部文化形成的核心推动力。

第二个内因，管理制度是俱乐部文化的基础。职业俱乐部缺乏科学的管理组织和制度，就不可能将俱乐部文化扎扎实实地落实到日常工作中。因此，现阶段摆在职业俱乐部面前最重要的工作是，梳理管理关系、厘清管理责权和形成管理体系，保证俱乐部文化体现在每个员工的日常工作和行为中。比如，很多俱乐部对球队比赛后的谢场有明确规定，这些很细节的要求将促进俱乐部文化观念的形成。

第三个内因，俱乐部的社会性活动是俱乐部文化的载体。足球既是一个文化符号，又是一种教育手段，因此具有很强的社会化属性。要塑造俱乐部文化就不能脱离这个特别属性，必须使球员、教练及员工通过社会性的活动将俱乐部倡导的价值观念"外化于行"，进而才能达到"内化于心"的作用。

当然，促使俱乐部形成自身文化的因素还有很多，但我只拿出最重要的几项讲讲。而从根本上来说，俱乐部文化不可能速成，但俱乐部却可以依据自身的战略发展定位，通过管理制度和方法来对俱乐部文化进行自主设计，构建能推动和促进俱乐部持续稳定发展的强势俱乐部文化，使球员、教练和员工在内心形成一种自动自发的对俱乐部的认知感、归属感和自豪感。

中国独特的球迷文化对俱乐部文化的作用

影响俱乐部文化形成的外部因素也有很多，但我只想讲其中最重要的一个因素，那就是足球文化的形成离不开一个重要的参与者——球迷。

从欧洲足球发展的历史来看，很多职业俱乐部都是由社区发展起来的会员制俱乐部，虽然经历百年之后有很多变为了股份制私人企业或上市企业，但欧洲源远流长的球迷文化对职业俱乐部文化的形成起到了极大的作用。

中国职业俱乐部的诞生与发展面临同欧洲俱乐部截然不同的成长背景，并且还存在社会文化和经济体制上的很大区别，中国职业俱乐部的诞生，先天就缺乏市场化基础，因此球迷群体对塑造俱乐部文化的影响没有欧洲那样深入。

职业足球必须要有球迷的参与，否则将失去俱乐部生存和发展的市场基础。但是，反过来去想，是不是所有的球迷都会对俱乐部的文化建设起到作用呢？答案肯定是否定的，因为从目前大多数职业俱乐部的球迷基础行为来看，是缺乏对"职业俱乐部就是企业"这个理念的认同的。

最为简单的一个例子是，所有的俱乐部从业人员都认为球迷是球队的"衣食父母"，但从作为俱乐部重要商品的球衣销售来看，很多俱乐部的"死忠"球迷却穿着盗版球衣来主场加油。当然这只是一个很小的例子，但反映出的深层观念值得深思：我们缺乏对游戏规则的尊重和遵守，因此目前的球迷文化很难正向地影响俱乐部文化的形成。

按照文化形成的定义来讲，文化观念的形成是所有参与者价值观念相互影响的最终结果。但由于中国足球文化仍处于酝酿形成的初期，因此中国的俱乐部与球迷在价值观念上不可避免地出现了相互冲突与碰撞，这就更需要俱乐部出台各项制度和活动，来引导与培育球迷文化，最终共同努力形成各自俱乐部具有特色的文化精神。

　　总而言之，职业俱乐部必须要形成自身独具特色的文化。优秀的企业文化，可以确保一家企业在激烈的竞争中摆脱对资源的依赖而生存下来。优秀的俱乐部文化，同样可以变"对球员的依赖、对教练的依赖、对资金的依赖"，为"对制度、对管理、对模式、对价值观"的依赖。所以我认为，优秀的俱乐部文化才是职业俱乐部最终的核心竞争力。

PART ③

工作交流

一、一个草根俱乐部是怎样"没"的？

——与原大连超越足球俱乐部副董事长、总经理赵阳谈俱乐部发展

工作交流背景：

大连超越足球俱乐部于 2013 年 11 月 18 日正式成立。

2014 年，大连超越参加中乙联赛，并进入到复赛阶段。2015 年 9 月，中乙联赛半决赛次回合，大连超越 5：2 大胜四川鑫达海，获得 2016 赛季中甲联赛资格。

经历了 2016 赛季和 2017 赛季连续两个中甲赛季的保级挣扎之后，大连超越在 2018 赛季提前一轮降到中乙联赛。

2019 年 1 月，大连超越俱乐部宣布球队解散，一支成立刚好五年的"草根"俱乐部就此消失，同时也拉开了中国中小足球俱乐部解散潮的序幕，此后仅仅一年多的时间内，又有十几家类似"大连超越"的足球俱乐部消失在中国职业足坛。

赵阳，作为大连超越足球俱乐部的主要操盘手，也是俱乐部的投资者之一，完整参与了这家俱乐部的创立、发展、坚守与解散，全面经历了俱乐部管理理念的坚持与彷徨，对于"草根"俱乐部在中国职

业足球联赛的定位与发展有深刻的感悟与体会。

为什么要做一家职业足球俱乐部?

赵阳: 大连超越足球俱乐部是我和两个大学同学一起在 2013 年发起成立的。为什么要做这家俱乐部? 最重要的原因应该是从我们的资金实力和体育产业的发展潜力来考虑的。

我们三个人之前都做其他生意,尤其是我另外两个同学之前做金融行业,那几年金融市场比较好,大家都赚了些钱,但总觉得金融行业的发展不稳定,也很难再做大,所以想要寻找新的生意方向,做一个能长期稳定发展的行业。

在做职业足球之前,我们也考虑过其他的行业,但一评估,其他传统行业不是门槛太高就是发展饱和,我们的资金和实力限制了我们在这些行业的发展。这时,我们注意到了国家政策开始引导和扶持体育产业的发展,一些专家预测未来体育产业将释放两万亿人民币的市场规模,我们认为体育产业的潜力很大。

另外,我们都是大连人,原本就喜欢足球,而且大连的足球资源相比其他城市丰富,当地市场关注度也很高。所以,我们三个同学坐下来一研究,职业足球这个行业我们在大连能搞,就下定决心先做个职业俱乐部,然后在这个行业里寻找发展方向。

说实话,当时我们决定搞足球俱乐部,并没有将足球产业的发展状况都想明白,只是觉得这个事情的大方向是对的。但是在做职业俱乐部的过程中,随着接触了很多社会资源和体育产业的新理念后,我们开始一点点摸索、完善和丰富了足球产业发展的思路，逐渐明确了通过做好职业足球俱乐部的经营发展，围绕职业足球的上下游产业链，延伸开做运动医疗康复、足球博物馆和足球特色学校等项目，把体育产业发展起来。

2014年和2015年，这两年我们的关注点还是在俱乐部的建设方面，目标就是从中乙到中甲。用了两年的时间，我们在2015年底冲上了中甲，而这时体育产业的项目很快就有了着落。

一次很偶然的机会，我们接触了大连市旅顺口区政府，经过深入的交流，当地政府对职业足球俱乐部产生了强烈的兴趣，一度希望大连超越俱乐部把主场迁往旅顺口。

虽然最终大连超越把中甲联赛的主场放在了金州体育场，但旅顺口区政府依然想要与俱乐部合作建立一所足球特色的学校，并交由大连超越来运营管理。当时这个学校的土地规划都出来了，但受限于我们的资金状况，最终影响到了学校项目的成功合作。

虽然大连超越俱乐部已经在2019年初解散了，但到今天为止，我通过做俱乐部的整个过程来看，投资职业足球俱乐部是可以作为生意赚钱的，至少能够通过合理经营养活自己的俱乐部。

职业俱乐部一定要"烧"钱吗？

赵阳：大连超越足球俱乐部的董事会成员就是我们三个人，我因为最了解足球，所以俱乐部的日常工作都是我来负责，但大股东是我同学李晓勇。

我们成立俱乐部的时候，根据我们的资金实力，就把大连超越俱乐部定位为一家培养年轻球员的中小型俱乐部，因此每年的预算都做得很紧，可以说是精打细算经营俱乐部。

但我们没有意识到当时中国职业足球已经出现了"烧钱"的苗头，而我们的预算却还是用之前的观念来制定的，所以后来真正开始组队的时候，才发现把足球这项投资想得简单了。

当时组建俱乐部是可以直接报名参加中乙联赛的，我们觉得中乙球队花不了很多钱，认为一年有两三百万的预算就够了。谁知，球队一开始组建，我就发现这个预算是远远不够的。参加中乙联赛两个赛季后冲甲成功，整体的投入最终算下来是两千多万，其中 2014 年花了八百多万，2015 年花了一千两百多万。

在冲甲的过程中，我们还有一个小插曲。2014 年虽然是大连超越首次亮相中乙联赛，但成绩一直打得不错，已经进入了最终的冲甲阶段。但我仔细评估了球队的状况后，认为很多主力球员都是租借的，如果冲甲成功后要买断这些球员的话，对方俱乐部肯定就会要高价，我们的预算是承受不了的。所以当时做的决定就是"顺其自然"，能冲甲更好，冲不了就再储备一年，对于球队建设来说未必是件坏事。

2014 年大连超越最终没能冲甲，但在 2015 年我们从解散的沈阳中泽免费引进了几名有实力的球员，再通过试训也算"捡"了一些有实力且自由身的球员，球队的整体实力得到了增强，主力阵容基本都是打过中甲联赛的球员。而且球队的年龄结构也很合理，大年龄的球员只有两人，绝大多数是中间年龄段的球员，还有一小部分的小年龄球员，球队建立起了正常的血液循环。经过两年的球队建设，大连超越在 2015 年底"水到渠成"地冲上了中甲。

值得一提的是，我们在增强球队基础的同时，建立了严格的球员工资与奖金体系，球队中球员的顶薪控制在了一百万之内，把控住了俱乐部总体的投入预算。2016 年大连超越开始参加中甲联赛，整体预算也控制在了四千多万。

可以说，大连超越是中国"草根"职业足球俱乐部发展历程的缩影，也为低成本运营职业俱乐部探索出了一条道路：严格按照自己的定位与预算制订发展计划，不仅可以取得预期的成绩目标，而且还可以通过球员买卖及足球产业的拓展，找到了自己的生存方式。

低成本投入的俱乐部靠什么来出成绩？

赵阳：球队出成绩的基础当然是球队的合理搭建，要挑选到有潜力有实力的球员，但不是非要挑选贵的球员。当然这样的挑选球员的策略，是由大连超越俱乐部的发展定位和资金实力所决定的，但却是目前大多数低成本投入的职业俱乐部的生存法则。

而且说实话，绝大多数中国球员的水平相差不大，我认为最重要的是通过俱乐部的文化精神将球员团结和凝聚到一起，这就要靠"两条腿"来实现。

"第一条腿"就是靠制度管理，从制度管理要战斗力要成绩。俱乐部就是一个企业，管理一家俱乐部就是管理一家企业，但这个简单的道理却被很多投资人所忽视，把俱乐部看作是一个很独特很特别的组织，这是非常不正确的想法。

企业的管理是靠制度，而不是靠"人"。靠制度管俱乐部，就要有白纸黑字的明文规定，对教练、球员、梯队、员工等，做到每个岗位都有规章制度，哪个环节哪个岗位都不能落下。而且这些制度一旦确立，就是俱乐部的管理根本，不能随意变更。

在管理上大连超越也有过"弯路"。在2016年上半赛季球队就因为"人为"管理占了上风，随意地"人为铁腕治军"（对球员重罚，却没有制度依据），"人为"改变了俱乐部制定的管理制度，造成了球队内部出现了各种矛盾，最终导致球队"变散了"，比赛成绩不断下滑。

所以说，俱乐部管理上的问题，一定都会在比赛的精神面貌和比赛成绩上反映出来。制度管理执行得公平公开，球员都服气，球队就团结、积极、卖力，成绩自然会比想象的要好。从中乙冲到中甲只用了两年时间，可以说我们的制度建设是起到了效果的。

"第二条腿"就是人文关怀。其实这还是企业管理的一部分，"硬"的制度管理与"软"的人文关怀并举，这是非常常见的管理组合，本身并没有什么神秘之处。

俱乐部成立之后，我花了大量时间扑到球队的工作中去，靠情感关怀来加强与球员教练的交流，对于很多球队与管理层的理念矛盾，要动之以情晓之以理，疏通大家的"思想疙瘩"；同时也帮助球员解决生活问题，甚至家庭问题，让球员生活中的情绪有个合理释放的出口。

"这两条腿"的长期坚持，不仅需要对规章制度的严格遵守，还需要在每一天每件事上的不停灌输，最终会塑造出有战斗力的俱乐部文化。经过 2014 年到 2016 年这三年的时间，可以说大连超越俱乐部已经形成了自身的文化。举个不大恰当的例子，2016 年时球队已经出现了欠薪问题而造成了保级压力，当然这是正规俱乐部不应该出现的问题，但下半赛程球队却打出了不错的成绩，保住了级。能达到这样的目标，球队主要就是靠着已经形成的文化凝聚力，虽然在欠薪的状况下，但球员心里还是装着"超越这家俱乐部"，为了城市和俱乐部没有放弃任何一场比赛。

投资俱乐部最难的是什么？

赵阳：投资人观念的转变是最难的。在大连超越的创立与发展中，投资人始终伴随着理念上的三大矛盾纠结。

第一个观念的矛盾是，俱乐部要不要起个中性的名字。很多朋友见了我都会问，你们俱乐部为什么叫"超越俱乐部"，为什么没有企业名字在里面。

其实在成立俱乐部之初，我们三个董事会成员为此曾激烈地争论过，但最后达成了一个统一的意见：要想把这家俱乐部做长远，要想把这家俱乐部做成一门生意，就不能走之前中国职业俱乐部只是为达到宣传企业的广告目的的老路，必须要战胜做职业足球的传统观念，因此最后选择了一个中性名"超越"作为俱乐部的注册名。

应该说，我们的理念在全中国都是比较超前的，直到 2018 年中国足协才开始倡导各大俱乐部改为中性名。

第二个观念的矛盾是，俱乐部管理是靠人为还是靠制度的矛盾。

关于这个问题，我在前面也讲过，俱乐部的战斗力是靠制度管理建立的，绝对不能靠"能人"管理，这将会造成俱乐部缺乏长远稳定的发展基础。

而且我也举过大连超越管理上走弯路的事例，一旦出现"人为铁腕治军"，就会造成球队内部矛盾出现，这在很多俱乐部的发展历程中屡见不鲜。这一点上，大连超越一直在"矛盾"中坚持，但大股东的观念始终在摇摆，我们没有将这个矛盾彻底解决。

第三个观念的矛盾是，俱乐部追求短期成绩与健康发展的矛盾。足球俱乐部有自己的发展规律，就像大连超越一样，这家俱乐部的定位和发展战略是由自身实力和资源所决定的。那为什么会有这么多俱乐部破产解散了呢？我认为，很多中国俱乐部的失败都是"不顾现状强行改变最初定位，从正确的道路上走偏了"而导致的结果。

做一家职业俱乐部，就是有多大实力做多大的事。作为中小俱乐部，控制住工资奖金的预算额度，培养年轻球员卖掉赚钱，实力不足时降级蓄势再来，这些都是职业俱乐部运营的正常操作。

但能否把握住这些俱乐部的正常理念与操作，对于很多投资人来说却是个难事。很多足球俱乐部的投资人，包括大连超越的大股东，很容易受到外界声音的影响，比如媒体、球迷、政府等。

这些外界力量不是俱乐部的经营者，不了解投资人的实力，当然希望看到好的成绩，却不会考虑到投资人的经营压力。外界"吹捧"与"谩骂"的声音，会扰乱到投资人的原本定位和计划，让投资人忘掉做俱乐部的生意初衷，错判了自己的真实实力，从而盲目冲动起来。

大连超越始终就定位为一个培养球员的俱乐部，不片面地追求成绩，但在球场上一直能打出拼搏的精神，所以我们的球迷不是因为成绩而喜欢这支球队，而是因为球队比赛的精神才把大连超越当成是自己的俱乐部。

但是一到了中甲后，只要球队成绩稍微有起色，投资人就会在外界的声音中迷失了最初的原则和定位，想尽快出成绩，尽快冲超，从而打破了之前的工资奖金标准，增加了自身的经营负担。

职业俱乐部是怎么玩"黄"的?

赵阳: 我始终讲，俱乐部破产解散谁都别怪，要怪就只能怪投资人自己。因为做俱乐部的决定是投资人下的，那你当时就应该有个清晰的定位和策略；买球员的标准是投资人拍板的，那你就应该考虑到自己的资金实力；给球员开出的工资奖金是投资人同意的，那就应该评估好自己的年度预算是否能执行。

但我们的投资人一味地抱怨球员转会费和工资都是天价。在我看来你可以不去买这些球员，球员这个天价也是几个投资人"炒"上去的，况且还有很多球员可以选择，所以结果都是应该由投资人自己承担的。

大连超越在 2016 年第一年打中甲花了四千多万，如果卖几个球员是完全可以养住这家俱乐部的，但俱乐部没有做出正确的决策。而到了 2017 年球员的工资体系完全被打破了，签字费和工资都上升到了百万级以上，奖金也加大了，投资人负担不起，就只能长期欠薪。

可以说，到了 2017 年后大连超越原有的发展规划和原则全部被打破了，俱乐部的投入跟不上去，负债急剧增加，最终导致了破产解散。

我认为导致破产最重要的根源不在于资金，而在于投资人的观念变了。大连超越的大股东在打上中甲之后，把外部的因素想象得更重要，认为大连超越的社会影响力很大了，而且片面地认为加大投入后打出了成绩，当地政府在俱乐部遇到资金困难时一定能给予帮助，进而能迫使政府提供资源，保住俱乐部。但从大连超越俱乐部破产的结果来看，这个想法完全是错的，这个路子现在已经走不通了。

现在来分析，为什么国外的足球俱乐部能较为长久地生存下去，我认为，第一是投资人对足球确实非常热爱，第二是把足球当生意来做，第三是有群体决策的机制，真正有董事会参与，还有会员制的球迷参与，保证了俱乐部的经营发展战略不偏离。但大多数中国足球俱乐部就是由一个人在左右，所以中国俱乐部发展的长短好坏，就得完全看老板了。

二、一家小俱乐部靠什么"活"了二十六年？

——与浙江毅腾足球俱乐部副总经理曹磊谈俱乐部运营

工作交流背景：

浙江毅腾足球俱乐部前身是 1988 年成立的大连铁路队。

1989 年，大连铁路足球队开始参加乙级联赛。1994 年 2 月，转为半职业化球队的大连铁路足球俱乐部，由大连铁路局提供场地，毅腾集团提供训练经费，并以大连铁路分局利创足球队之名取得了乙级联赛季军，升上甲 B 联赛。1995 年，大连铁路足球队降级至乙级联赛，毅腾集团出资冠名为大连铁路毅腾足球队。

1996 年，大连毅腾集团接手球队，1999 年一度退出中国足坛。2005 年，毅腾俱乐部复出并将主场迁往黑龙江省哈尔滨市。2008 年，球队主场又迁往山东省烟台市。2009 年，又迁回大连市，但在 2011 年，第二次迁回哈尔滨市，并于当年冲甲成功。2012 年，以中甲第四名的成绩保级。2013 年，球队获得中甲联赛亚军，史上首次升入中超联赛，随后在 2014 年 10 月，球队因积分垫底又降回中甲联赛。

2016 年 1 月，毅腾主场又迁移至浙江绍兴参加中甲联赛。2019

年2月毅腾因基地未符合标准，失去中甲准入资格，降入中乙。

曹磊，伴随毅腾俱乐部从中乙、中甲直到中超，而后又回到了中甲、中乙，不仅完整经历了毅腾俱乐部的精彩轮回，也是中国职业足球从沉寂到高潮再回低谷的见证者。他在毅腾俱乐部工作长达十一年，虽然在2019年短暂离开了毅腾，但割舍不下的情怀又让他在2020年重回俱乐部，重新组队再次启航。

与曹磊交流毅腾俱乐部的管理与经营，出现了一个非常有趣的现象：一般称呼俱乐部名称时，都会习惯地带上地域名称，突出俱乐部的地域属性，比如广州恒大、深圳佳兆业、大连超越等等，但曹磊仍然喜欢直接叫自己的老东家为"毅腾"，其实按照目前的报名注册来说，全称应该叫"浙江毅腾"。

直接称呼为"毅腾"，主要是因为这家俱乐部主场搬迁了太多地区，以至于当曹磊和我聊起来俱乐部的发展史时，则是根据不同主场来自然地划分"毅腾"的发展阶段。

这种不断搬迁俱乐部比赛主场的现象，是当时一些中国俱乐部生存发展的时代烙印，尤其是中小型俱乐部，通过不断迁移而获得生存空间。随着中国足协在2016年1月10日开始执行禁止球队异地迁移的政策后，这种中国职业足球俱乐部所特有的生存方式也就荡然无存了。

"毅腾"就是老板的私人爱好

曹磊：我是2008年来到毅腾俱乐部的，一直在这家俱乐部干了十一年，直到 2019 年与老板崔毅的理念不合，最后离开了毅腾。但随着毅腾降入中乙再次面临困境的时候，2020 年我又在崔老板的力邀之下回到了俱乐部，重组队伍再启征程。

老板崔毅是个非常热爱足球的人，从小就喜欢踢球，也懂球，可能就是因为他作为大连人的这种足球情结，在他做生意赚了些钱后，最终决定在 1994 年投资职业足球。毅腾能搞这个足球俱乐部完全就是崔老板的个人兴趣，可以说，他才是这家俱乐部真正的操盘手，为俱乐部发展事无巨细地投入了大量的心血和金钱，当然也获得了一些成绩，比如打上了中超。

但凡事总有"双刃剑"，俱乐部能够发展得益于老板对足球的痴迷，甚至可以说是老板最钟爱的"玩具"，但是在长期发展的过程中，老板喜欢插手到球队战术细节安排中的爱好，也频频造成主教练，尤其是外籍主教练与老板理念的激烈冲突。

一直以来，最耗费我精力的工作就是协调主教练如何能理解并执行崔老板的战术意图。如果主教练是中国人，那还相对省劲儿，毕竟文化一致，国内教练也能理解老板"热爱足球"的心情和心理；如果是外籍主教练，中外足球管理理念的差距会让我的工作更加难办，我得讲究方式方法，让外教能够接受老板的安排，但总是难免会让双方都很不满。

所以说，成也热爱，败也热爱，毅腾总会出现一些让行业内很不能理解的状况：主教练成绩还不错的时候会突然下课了。

作为小俱乐部的运营，毅腾是成功的

曹磊：在我离开毅腾之前，我一直认为毅腾作为一家小俱乐部，在中国职业足球圈里是一个很成功的典范。

为什么说毅腾是成功的呢？

第一，毅腾足球俱乐部在 1994 年就成立了，走到今天，这家小俱乐部生存了二十六年，同一个时代诞生能一直"活"到现在，并且没有被转过手的俱乐部，掰着手指头都能数得过来。所以从生存发展的角度看，毅腾绝对在中国职业足球俱乐部中是成功的。

第二，毅腾在俱乐部的投入上一直控制得很好，即使在"足球泡沫"最为严重的时期，毅腾也没有偏离自己的实力而盲目跟风扩大投资，因此毅腾从没让自己背上沉重的债务负担，财务状况一直较为健康。

所以从发展定位上来看，毅腾定位很准确，投入也不大，能打到哪一级联赛就打，打不了就降级到下一级联赛，从未给自己背上"必须保级必须冲超"等来自外界舆论的压力和包袱，因此一直没有偏离最初的方向，是非常理性地在做足球。

第三，作为注重青训的俱乐部，毅腾二十几年来培养了近百名国字号的球员，不仅满足了自己球队的使用，还卖到了其他俱乐部，通过球员买卖毅腾也有了不少收入。因此从球队的经营发展来说，毅腾是遵从了足球的发展规律的，从青少年培养开始，从足球的最基层开始，一步一步发展这家俱乐部。

第四，毅腾经常去"捡"别的球队看不上的球员，俱乐部给这些

球员提供比赛平台，能够锻炼和挖掘出一些有潜力的球员，卖出这些球员赚钱。这个模式虽然也是由于毅腾资金实力所被动产生的，但也算形成了较为成功的经验。

我始终认为毅腾的运作模式是值得中国职业足球俱乐部好好研究的。

培养自己的球员才能控制住成本

曹磊：毅腾在发展过程中一直能够控制住成本，很大程度上得益于早期一直在培养青少年球员，而且这些球员都成为毅腾参加中乙、中甲甚至中超的主力。

第一，有自己培养出的球员可用，才是毅腾能始终控制住俱乐部成本的根本，否则靠买球员来打比赛，必然会加重俱乐部的资金负担。

毅腾常年在中乙与中甲之间徘徊，一直依靠自己培养出的 89 年龄段的这批球员在比赛。在基本没有得到地方政府支持的情况下，2009 年、2010 年毅腾打中乙的一年预算为三四百万元，到了 2011 年左右打中甲也不过一千多万元。

俱乐部能控制住预算，主要是这批球员都是自己培养的小球员，当时大多数只有十七八岁，所以给的工资都很低。我记得 2010 年之前打中乙的时候，球员工资每个月就两千块，后来上了中甲才慢慢涨到了四千块。

2016 年毅腾搬到浙江绍兴打中甲后，每年的投入也开始水涨船高了，一年的预算要达到四千多万元，但同时也从"中国轻纺城"获得了毅腾历史上仅有的资金赞助，这样算来毅腾实际上的投入也没多少，当然这也是毅腾为什么搬到绍兴的原因。

第二，买球员不管内外援都要便宜的。毅腾在买外援方面也是非常省钱，其中有三个外援就在毅腾踢了五年，用得好了中途肯定不会再换外援，即使毅腾打上了中超都没换外援。而且外援的工资都很便宜，甚至有时毅腾的第四外援（当时政策，外援可以报名注册四人，上场比赛三人）就是撞大运，只给每月五千元人民币的工资试着在队里打，如果尝试成功了就增加点工资，如果不成功就不要了，反正也没啥损失。

第三，毅腾这样的小俱乐部能给年轻球员比赛的机会，更利于培养年轻球员成长，所以很多球员宁可少拿工资也愿意在毅腾打比赛。比如在 2006 年打中甲的时候，毅腾的主力都是 89 年龄段的球员，很多球员才十六七岁就有机会打中甲联赛了，这对他们的成长起到了非常大的作用。

刘殿座就是其中比较典型的球员。一般球队都会用成熟稳重的守门员打比赛，但毅腾为了培养刘殿座在他 17 岁时就让他上场打中甲的正式比赛，这对一个年轻守门员来说，从技术到心理上都得到了锻炼，是非常珍贵的成长机会。后来，刘殿座的成功也证明了毅腾这样的培养是有效果的。

当然，毅腾也通过培养出这些年轻球员后卖个好价钱赚钱，实现了自我造血、自我运营的能力。所以，很多在其他队踢不上球的球员宁可接受毅腾的低工资，也来毅腾踢球，就是看重了俱乐部这个踢球的平台。毅腾不接受球员租借模式，主要就是因为培养了不能卖，赚不了钱。

毅腾对于球员买卖的理念就是，毅腾俱乐部给不了球员高工资，毅腾只给球员踢球的机会，踢得好了有本事就去外边赚大钱，毅腾尽量不设置转会障碍，俱乐部只要拿合理的转会费。可以说，在毅腾的球员没有非卖品，只要在毅腾踢得好的球员都可以卖。

我认为，目前能总结出来的毅腾的经营模式，并不是毅腾预先就已经设计好的模式，而是俱乐部随着球员转会市场暴涨而产生的市场行为。

小俱乐部的发展就是靠"人"

曹磊：如果说毅腾的发展还算是比较成功的话，主要的原因就在于每个发展阶段都找到了合适的人。

就拿毅腾最引以为傲的青少年球员培养来说，能够培养出这么多的国字号球员，不是毅腾的训练模式有多先进或青少年选材有多科学，而是毅腾接手大连铁路队时留下了一个叫程显飞的老教练。当然也与大连踢球的孩子比其他地方多有关系。

说程显飞是一个培养青少年的好教练，是因为他不是培养出了一批球员，而是连续培养出了好几批球员。从81年龄段、85年龄段、87年龄段到89年龄段，很多目前球迷依然耳熟能详的球员都是他培养出来的，比如胡兆军、冯潇霆、王大雷、于汉超、赵旭日等等。直到95年龄段，他依然培养了一批球员拿了全运会冠军，目前这批球员中的佼佼者，就是在大连一方的汪晋贤和深圳佳兆业的金强等。

毅腾俱乐部最高光的时刻，是 2013 年在哈尔滨冲超成功，2014 年打了一年中超联赛。虽然球队最终在当年降级，但从球队比赛的拼搏场面和俱乐部的投入来说，也不算丢人。毅腾在哈尔滨时期，从中乙到中甲到中超，球队能取得这样好的成绩，我认为 2010 年聘任的主教练段鑫，对理顺球队内部关系和凝聚球员形成战斗力都起到了很大的作用。

但是比较遗憾的是，崔老板对现在的人总是不满意，一度认为段鑫带队已经达到了瓶颈，总觉得外边有更好的人。但是从段鑫离开之后球队的结果来看，老板并没有找到更合适的教练。

对于小俱乐部来说，由于没有大俱乐部的资金实力支撑，不可能吸引到很多优秀的人才，也缺乏成体系的管理模式能对俱乐部发展提供长期保障，所以很多时候的成功完全取决于能不能碰上对的"人"。因此像毅腾这样又是老板实际操盘的俱乐部来说，就会充满了偶然性，赌对人就显得尤为重要。

从目前毅腾每况愈下的情况来看，我认为毅腾的失败，一是对人才的不重视和人才的逐年流失，二是离开了大连这个青少年培养得天独厚的城市，没有了后续的成熟梯队，情况会越来越糟。

不团结的球队肯定出不了成绩

曹磊：2008 年我进入俱乐部的时候，俱乐部刚从哈尔滨搬到了烟台。毅腾迁往烟台的原因，主要是因为毅腾 89 年龄段的球员实力不错，山东挺看好这批球员，就签了合作协议：既为山东引进一个中甲球队，又能让毅腾代表山东打全运会。

但我刚到俱乐部就感觉这支球队很复杂，球员分了好几拨人，很难团结在一起。当时呼和浩特队解散了，然后这家俱乐部的一批球员就和毅腾合并到了一起。另外一批球员是程显飞教练在大连铁路时培养的89年龄段球员，还有一批球员是王军教练在毅腾带的89年龄段球员。

这三批球员里，有两批都不说自己是毅腾的球员，要不说自己是铁路的，要不说自己是呼和浩特的，因此很难把这些球员捏合到一起，所以三拨球员在一起就显得特别不团结。再加上崔老板在主教练上的使用也是左右摇摆，一会儿用王军，一会儿用大王涛，但不管是哪个教练当主教练，其他两拨球员都有意见，总觉得主教练在偏袒自己带来的那帮球员。

现在想来，球队内部的不团结，直接导致了2008年球队从中甲降级。而且毅腾代表山东打全运会，也只拿到了第三名，没有达到山东的预期。可以说，毅腾在烟台是一无所获的。2009年崔老板看到烟台不会再给予俱乐部任何支持后，就把俱乐部又搬回了大连。

对于2008年毅腾出现这样困难的局面，现在想来，我认为是缺了一个能捏合好队伍的主教练。

毅腾的启示：中国应该更重视小俱乐部的发展

曹磊：毅腾俱乐部是中国职业足球圈里有名的小俱乐部，不仅是投入小，而且俱乐部规模也小，工作人员也少，从中乙到中甲到中超，毅腾的工作人员编制没变过，始终就三四个人。毅腾虽然因为投入不大导致所有人的工资都不高，但做得比较好的是工资从不拖欠，所以整个俱乐部从教练球员到员工都很团结。

但是2019年毅腾因为基地条件未达到中国足协执行的职业俱乐部准入要求而被迫降入中乙。对此，我认为中国足协在准入条件上应该有弹性的考虑，毅腾在没有硬件条件的基础上，依然能够正常运营而且培养出很多优秀的球员，而现在有很多俱乐部投入很大，硬件条件也上去了，却没有好的球员培养出来，这应该引起足协的深度反思。

而且从今年很多俱乐部解散后中国足协评估递补俱乐部的标准来看，放弃成绩标准而按照俱乐部的资金实力来综合决定，这是违反职业足球的发展规律和市场规律的。

相反，我认为中国应该更重视中小俱乐部的建设和发展，因为就我的从业经验来看，在抛开特别少的天才球员和不适合踢球的球员外，中国球员的能力水平绝大多数差不了太多。中国球员需要的是能够踢球的平台，需要的是更多的正式比赛，而大牌俱乐部很少愿意冒险为小球员提供出场锻炼的机会。所以，中国需要这些虽然投入小，却能给予球员更多机会的小俱乐部。

事实上，欧洲绝大多数的俱乐部也是只有五六个工作人员的小俱乐部，硬件可能比我们很多中乙的俱乐部还差。看看克罗地亚这个小国家，你不会发现这个国家有哪个豪门俱乐部，却能够拿到世界杯亚军。仔细去研究，会发现他们俱乐部的投入都不大，硬件条件也不是最好的，但就是这样由小俱乐部组成的联赛，也没有影响本土球员的质量和国家整体的足球水平。

因此，我们不能片面地看待小俱乐部的发展，中国应该鼓励扶持更多的小俱乐部能够有自己的模式生存下去，这才是职业足球市场化健康化发展的一个生态系统，而不仅仅是只需要有投入有实力的企业去做足球。

三、"温室"里养不出有生命力的职业足球俱乐部

——与棕榈体育产业总裁、原深圳雷曼体育总经理张雪松谈足球产业

工作交流背景：

张雪松，在任深圳雷曼光电科技股份有限公司雷曼体育总经理期间，主导了 2011 年雷曼光电与中超公司的合作，获得了 2011 年至 2016 年中超联赛十二分钟广告经营权及商业赛事服务经营权，成为"中国足协战略合作伙伴"。2015 年参与创办深圳人人足球俱乐部。2016 年参与雷曼光电全资收购澳超足球俱乐部纽卡斯尔喷气机，同年又代表雷曼光电与葡萄牙足球职业联盟达成合作协议，冠名葡甲联赛。

任棕榈体育产业集团有限公司总裁后，2017 年创办深圳新桥足球俱乐部，2019 年控股深圳壆岗足球俱乐部，当年获得中冠联赛亚军，晋级中乙联赛。

身为专业财务人员，却长期从事职业足球的商务合作开发，并多次参与国内外多家职业俱乐部的收并购，张雪松习惯于以独特财务与国际视角审视与评判中国职业足球行业的发展。

张雪松：今年是中国足球的多事之秋，据称中超、中甲、中乙三个级别有十多家俱乐部退出了职业联赛。职业足球摆脱不了国家发展大环境的影响，目前各俱乐部遇到的困难，与中国宏观经济下行、房地产市场不景气以及疫情影响都有一定的关系。但我认为，最核心的一点还是中国的职业足球俱乐部都还不是完整意义上的企业组织，自身没有造血能力，一旦母公司经营不景气，作为母公司的附庸公司，足球俱乐部最先受到影响。

通过近期我与很多从业者的交流，大家普遍对俱乐部的前景持非常悲观的态度。从我参与的众多海外足球俱乐部的收购与合作经历来看，市场化足球的高低起伏，实属市场经济的正常现象，我们绝不可因为中国职业足球的一时高潮而兴奋过头，也不必因为遇到了暂时的困难就彻底绝望，任何一个国家职业联赛的发展都不可能是一蹴而就的。比照欧美体育发达国家的发展，中国职业足球俱乐部的经营和运作，仍需要一个长期的过程去回归到其市场化的规律和发展路径上。

如果我们把目前英超、西甲这类世界上发展历程最长、运作最成功的俱乐部看作是职业足球俱乐部的 3.0 时代，那么我们中国的足球俱乐部，目前的发展水平应该还处在一个 2.0 高级版的阶段。

1.0 版本的足球俱乐部就是各个地区体工大队旗下的足球队，主要任务是代表所在的地区，参加省运会、全运会，为国家输送体育人才参加亚运会、奥运会等洲际比赛。

2.0 版本的足球俱乐部就是职业化初期的足球俱乐部，多数由各类企业出资成立，这些俱乐部的角色其实是企业的品牌部、公关部。

曾经有几个足球俱乐部的投资人对我直言，当初发现拿出占企业全年广告费七八成的资金建立足球俱乐部，就能发挥出比原来的广告费更好的广告效应，还能得到政府的认可和支持，也有了更多的宣传题材。

但是随着联赛市场化程度的提高，中国职业足球俱乐部的投入越来越多，足球俱乐部作为品牌部、公关部的性价比就越来越差了。这时候很多投资足球俱乐部的主体又有了新的诉求，那就是通过投资足球俱乐部帮助政府完成文体事业发展的诉求，以便获取政府给予的产业政策支持。

但伴随着政府政策法规的明晰、优化，这类诉求也逐渐难以得到满足。那么，足球俱乐部的企业化、自我造血、自我闭环就会被动地提上议事日程。同时，随着中国社会经济的进步、城市人口对体育文化生活的需求达到一定的水平后，就能够逐步孕育出让俱乐部具有企业生命力的土壤，职业俱乐部才有可能真正走向企业化运营。

我在以往的工作过程中对国外的联赛和俱乐部有过一些深入的考察，发现很多和国内俱乐部不一样的地方。这些差别虽然有的看来细微，但中国有句古话叫"见微知著"，恰恰是小处见大，才反映出中国职业足球离市场化的差距依然巨大。

从美国职业篮球联盟的五次"停摆"看什么是职业体育的市场化

张雪松：先举个 NBA 的例子。NBA 历史上发生过五次停摆，原因林林总总，总之都是和参与主体的利益未能协调一致有关。说停就真停了！这就表现了联赛和俱乐部的经营真正意义上的市场化了。

联赛也好，俱乐部也罢，都是由市场化的主体运营的，大家的目标都是生意，运作失败的结果是自生自灭。欧美体育产业的发展就是把联赛和俱乐部都扔到市场上去，自己经风雨见世面吧，假以时日，适者生存。

这就是市场化了，这就是企业化了。

从球迷都能算出英超俱乐部的营收情况看联赛政策的公开透明

张雪松：再讲一个关于英超俱乐部的故事。

每年赛季初或者赛季末的时候，足球圈内人都会相互讨论各家俱乐部今年投入产出情况，以及对应的成绩表现。

在中国的俱乐部里面，除了俱乐部自己的高层之外，别人是很难了解真相。但在英国，让我非常惊讶的一点是，当我们与当地一家英超俱乐部的球迷吹水、谎报军情的时候，人家掰掰手指头就可以指出你逻辑不严谨的地方。相比之下，真的少了很多扯淡的乐趣。

每家英超俱乐部的投入产出都是可以相对计算出来的，正确率能达到百分之七八十。为什么呢？因为职业俱乐部都在严格执行职业联盟的各项政策，商业合同非常清晰，比较透明。足球俱乐部的版权分红、赞助收入、球票收入、球员买卖收入、其他衍生品的收入与俱乐部球迷的数量和比赛成绩都有依据可查可推测。外部人士是比较容易给这家俱乐部做评估的。

从葡超本菲卡的开赛仪式看职业俱乐部的经营

张雪松：再说一个有关仪式感和经营理念的故事。

我第一次在葡萄牙里斯本观看本菲卡的比赛，印象特别深刻。开场时间一到，球场中飞出一只老鹰，展翅飞翔绕球场一周。现场几万观众注视这只老鹰，等它最后停在球场中央的一个地球仪上，停稳之后，观众席上爆发出雷鸣般的掌声。这时候比赛才正式鸣哨开场。那叫一个震撼！

还有，贵宾休息区也给我留下很深的印象。休息区里最引人注目的是超大的供餐台。上面琳琅满目地摆满了各种各样的食物，种类非常丰富。有别于很多比赛休息区只提供咖啡茶水点心，本菲卡的主场贵宾区摆放的餐食与五星级酒店的自助餐没有区别。比赛日的时候，这里就是里斯本城里最好、最时尚的社交场所。持有贵宾票、在球场拥有私人包厢就像在国内拿着高尔夫会籍一般。

俱乐部处处有生意可做，商业氛围浓郁很多。

从澳超足球俱乐部与城市及社区的融合看俱乐部如何生存

张雪松：记得去澳大利亚收购俱乐部的时候，我们在俱乐部所在的社区里走动，会发现当地一些球迷把自己的房子刷成巨幅的俱乐部Logo。很多球迷日常着装都是俱乐部的服装。市长也会和球迷们在一起，要么坐在酒吧里一起看自己俱乐部的比赛，要么在海边现场观看球队的放松训练。

澳超的一家俱乐部有六十多个赞助商，俱乐部和社区全方位地融合在一起。当地的体育场归市政府所有，政府在比赛期间免费提供体育场给俱乐部比赛使用。在他们的政府看来，俱乐部和比赛是这个城市、这个社区文化生活的重要组成部分。当地大学也会拿出一片土地专供俱乐部训练使用。球员开车上下班，住在自己的公寓里。俱乐部只有在比赛时提供餐食，其他时间球员和普通的上班族并没有什么区别。

做中国职业足球的垫脚石

从今年一月份开始，我每天吃过早饭，就会坐在电脑前开始打字，午饭后依然如此，烦心的时候就去跑步。

我就是这样周而复始，不停地打字，不停地翻阅笔记和资料，不断地回忆那些印象深刻的人和事，还会时不时地与圈内一些老友激烈地交流下我的观点，用了差不多半年的时间，基本将这本书完成了。

然后是反反复复地修改文稿，每改一次，将文档关闭后，我都会有一次全新的体验，将自己在佳兆业做足球的过往重新审视了一遍，也将写这本书的过程又重新体验了一次。

那写这本书于我又是什么样的一种体验呢？

第一个体验是："一定要把自己吹过的牛给圆了！"

这本书的出现，应该说是缘于朋友间的闲聊，而决定于自己的吹牛。我提到过，当我刚离开佳兆业不做足球之后，很多朋友聚会时都会聊到职业足球，也有好事者会提到："你的这些经历为什么不写写，应该很有意思。"而我在很多友人的撺掇下，也会豪气万丈地讲上几句："我写肯定很好看，更重要的是，对中国职业足球会很有意义。"

而后，我也确实跟一些友人吹过应该怎么写，写哪些内容，说得对方总是频频点头，最后只有一句话回我："那你赶紧写啊，我们很期待啊！"

从我离开佳兆业后，要写足球这本书的"牛"吹了有几个月，终于到了去年底，这个"牛"让我吹得自己都相信了，也吹得没有了退路。朋友一见就问，你啥时候出书啊？那没辙了，就动手开始写吧！

虽然我曾经从事过很长一段时间的文字工作，但也有很长时间没有再系统性地写过长篇大论，真的动起手来，才发现每写一段文字，都是如此的艰难，但又想到自己吹过的"牛"，还是坚持要把它给圆了！

第二个体验是："想那么多干啥，干就完了！"

这个体验来源于做职业足球留在我身上的基因。

足球职业经理人要写一本关于职业足球管理经历与理念的书，这是从未有过的。虽然我认为这个角度的内容，一定会对中国职业足球的发展大有裨益，但我的职业足球工作经历是否具有代表性，我是否能写到点子上；我对职业足球的观点和理念是不是成熟完善，理论水平到不到位；我写到的人和事会不会有些争议，我能否表述得准确清楚，等等。

每到此时，我就会想起刚做职业足球的时候，对于球队、对于比赛、对于很多工作，总是充满了各种担心和顾虑，但就像郭主席讲给我的话一样，要按自己的想法先做，否则啥结果都不会有。

"干就完了！"这是做职业足球出身的人应该具备的作风与品质，

在做好了所有的准备与计划之后，只要我们奔着去的出发点是好的、是正确的，只要我们认为这样是有正面意义的，那我们就应该先行动起来，将书写出来了任人评说，这难道不也是一种价值吗？不然永远停留在口头上思想上，将会是一事无成。

第三个体验是："言之无文，行而不远。"

目前中国面临着体育产业发展的最佳时期。对比欧美体育产业发展的历程，不论从我们国家 GDP 的总量还是人均来看，都已经到了以足球为代表的体育产业推动中国经济大发展的机遇期，这是不可忽视与阻挡的大趋势。

推动产业发展壮大的根本力量和源泉，来自市场竞争主体的创新与活力。因此，在中国足球产业正迎来大发展的宏观背景下，真正推动中国足球产业发展的力量，应该是市场竞争中的每一个主体 —— 足球职业俱乐部，而这些职业俱乐部的投资理念与经营管理水平，将决定中国足球产业化发展的前景与未来。

每一个行业的发展，都是通过工作实践积累而不断深化总结，从而提升理念再次反作用到实践中去的过程。在职业足球圈内，我们会经常听到一些业内人士讲述自己的观点、感悟与故事，但总让人感觉是碎片化的，或是阶段性的，尤其是很多还只是停留在口头上，远不如写下来有意义的多。

孔子早就说过："言之无文，行而不远。"中国的职业俱乐部是缺乏知识沉淀和反思总结的，主要的原因就在于没有系统地将有价值的管理思考与实践用文字的形式保留下来，这不仅制约了职业俱乐部投资经营与管理水平的提升和进化，也在一定程度上影响了足球产业的大发展。

因此，不论言语与观点是否粗糙，我写的这本书能够系统性地形成文字的价值，一定会比口头上的激扬更有意义。所以，不论这本书能引起什么样的反响，只要能够在中国职业足球发展过程中起到一块垫脚石的作用，我就聊以慰藉了。

在完成这本书的路上，要感谢我的家人，尤其是我的妻子对我长期从事职业足球工作的理解与支持，要感谢接受了我采访的那些圈内朋友、深圳的一些领导和老友以及我的几个大学同学，他们不仅给我提供了写作的内容，更给了我写作的勇气与动力。还要感谢上海文艺出版社的领导对中国职业足球这个话题的关注，编辑陈蔡对于本书的指导也让我心存感动。

祝愿深圳和佳兆业在足球领域再上高峰！祝愿中国职业足球前途更加光明！祝愿中国足球越来越好！

图书在版编目（CIP）数据

我在佳兆业做足球：足球总经理工作笔记/李小刚著. -- 上海：上海文艺出版社, 2020
ISBN 978-7-5321-7753-0
Ⅰ.①我… Ⅱ.①李… Ⅲ.①足球运动－俱乐部－体育产业－产业发展－中国
Ⅳ.①G843.62
中国版本图书馆CIP数据核字(2020)第121669号

发 行 人：毕　胜
责任编辑：陈　蔡
装帧设计：钟　颖

书　　名：我在佳兆业做足球：足球总经理工作笔记
作　　者：李小刚
出　　版：上海世纪出版集团　上海文艺出版社
地　　址：上海市绍兴路7号　200020
发　　行：上海文艺出版社发行中心
　　　　　上海市绍兴路50号　200020　www.ewen.co
印　　刷：崇明裕安印刷厂
开　　本：890×1240　1/32
印　　张：9.25
字　　数：204,000
印　　次：2020年9月第1版　2020年9月第1次印刷
ISBN：978-7-5321-7753-0/C·080
定　　价：48.00元
告 读 者：如发现本书有质量问题请与印刷厂质量科联系　T:021-59404766